英语教学模式与教师专业发展研究

张莉萍◎著

文化发展出版社
Cultural Development Press
·北京·

图书在版编目（CIP）数据

英语教学模式与教师专业发展研究 ／ 张莉萍著．— 北京 ：文化发展出版社，2023.10
ISBN 978-7-5142-4110-5

Ⅰ．①英… Ⅱ．①张… Ⅲ．①英语－教学研究 Ⅳ．① H319.3

中国国家版本馆 CIP 数据核字 (2023) 第 198600 号

英语教学模式与教师专业发展研究

张莉萍　著

出 版 人：宋　娜
责任编辑：岳智勇　　　　责任校对：侯　娜
责任印制：邓辉明　　　　封面设计：守正文化
出版发行：文化发展出版社（北京市翠微路 2 号 邮编：100036）
网　　址：www.wenhuafazhan.com
经　　销：全国新华书店
印　　刷：天津和萱印刷有限公司

开　　本：710mm × 1000mm　1/16
字　　数：215 千字
印　　张：12
版　　次：2024 年 1 月第 1 版
印　　次：2024 年 1 月第 1 次印刷

定　　价：72.00 元
I S B N：978-7-5142-4110-5

作者简介

张莉萍(1969年11月出生) 汉，女，甘肃天水人，华东师范大学教育硕士学位，天水市职业技术学校副校长，高级讲师。拥有丰富的教育经验和管理经验，研究方向：英语教学及职业技术教育。发表多篇论文，主持并完成多部课题。

前 言

当下，我们已经迈入了大数据时代，同国际的交流日趋频繁。英语作为一门世界性的语言，是目前最主要的交流工具，在国际交往中发挥着重要的作用。各行各业对英语人才的需求日益增加。英语教学受到中央和地方、社会和学校、家庭和个人等各个层面的重视，英语也被列为基础教育的必修课，社会对英语教师的需求量也日益增加。所以，对英语教学模式进行理论上的探讨和实践上的革新，有着重要的意义。

多年来，我国有关英语教学的改革也从未停止，它经历了由应试教育向素质教育转变的过程。在英语教学的漫长发展过程中，教师始终是教学的主导。我国传统的教师教育往往是以一次性教师培训的形式开展的，但是这一形式所收到的成效并不明显。近年来，随着我国英语教学改革的不断深入，国内英语教学界也逐步认识到了教师专业化发展研究的重要性，不少关于学校英语教师专业发展的研究取得了显著的研究成果。

本书第一章为英语教学概述，分别介绍了我国英语教学现状、英语教学对象及方法、英语教学影响因素、英语教学发展趋势四个方面的内容。第二章为英语教学理论基础与方法流派，主要介绍了两个方面的内容，依次是英语教学理论基础、英语教学方法流派。第三章为英语教学模式理论研究，主要介绍了四个方面的内容，依次是英语交际型教学模式、英语“输入—输出”教学模式、英语分级教学模式、英语网络教学模式。第四章为英语教学模式改革创新，依次介绍了英语词汇与阅读教学模式改革创新、英语语法与听说教学模式改革创新、英语口语与写作教学模式改革创新三个方面的内容。第五章为英语教师的专业化发展研究，主要介绍了三个方面的内容，分别是英语教师的专业化发展内涵、英语教师的专业化发展历程、英语教师的专业化发展理论。第六章为大数据时代下英语教师专业化发展路径，分别介绍了大数据时代下英语教师专业发展模式、英语教师专业知识发展路径。

本书在撰写的过程中，得到了许多专家学者的帮助和指导，参考了大量的学术文献，在此表示真诚的感谢！由于作者水平有限，加之时间仓促，本书难免存在一些疏漏，在此，恳请同行专家和读者朋友批评指正！

张莉萍

目 录

第一章　英语教学概述

英语是语言教育中的一项重要内容，也是一门国民学校必修的语言基础课，它对人才的培养和社会的发展起着举足轻重的作用。本章主要从我国英语教学现状、英语教学对象及方法、英语教学影响因素和英语教学发展趋势四个方面介绍了英语教学概述。

第一节　我国英语教学现状

英语课程多是学校里学生的一门必修课，它在我们国家的教育系统中占有举足轻重的位置。与此同时，在各行各业日益国际化的大环境中，英语能力也成了人们在工作中必不可少的一项能力。随着世界范围内的交往日益频繁，英语专业技术人员已成为许多公司和企业竞相招聘的对象。学校是国家培养高素质人才的重要基地，它的英语教育水平将直接影响国家所培养出来的高素质人才的质量。所以，我们必须高度重视英语教学，并把它办得更好，这样才能更好地为国家、社会输送更多的英语人才。

一、我国英语教学的现状

目前，我国各级各类学校对英语教育给予了高度关注，绝大多数高校都开设了英语专业，而且相对于其他专业来说，其课时占有较大的比例。尽管英语教育受到了广泛的关注，但也存在着很多问题。[①] 造成这种现象的原因有以下多种。

（一）教学目的不明确

英文的课程安排以及教师对教学目的的认识不够清楚，使教学模式的选择不

① 王淑芳．英语教学法[M]．哈尔滨：哈尔滨地图出版社，2011．

合理，并且尚未找到合适的能培养当今社会所需人才类型的教学模式，在一定程度上影响了教师教学方法的选择，而教学方法则直接影响学生学习英语的兴趣。因此，教学目的不明确是现阶段英语教学存在问题的主要原因。

（二）教学理念不合理

教学理念决定了教师的教学态度和对课程的重视程度。目前很多学校的英语教学理念不是很合理，导致学生英语水平的评价指标不符合现实情况。考试成绩只能说明学生对英语基本知识的掌握程度，并不能反映一个学生是否能很好地应用所学到的英语知识。

（三）指导思想有偏差

由于教学导向上的偏差，所以在中学学习过程中，学生学习的东西很少，进而留给了大学更多的任务，从而形成了“蛇头虎尾”的局面。例如，世界范围内，非英语国家的大学入学考试中，大部分的词汇量都超过了6000个，而我们的大学入学考试中，单词的数量一直保持在2000个左右，近两年才上升到3000个左右，就像是木桶盛水，如果其中一块木板太短，那么里面的水就装不满。

（四）教学模式单调

当前，许多大学生所习惯的英语教学方式，大多采用教师授课、学生听课的方式，大多数学生在教师的“灌输”下，被动地进行英语的学习。上了大学以后，尽管授课教师的能力有所提升，但授课方式依然是单调乏味的模式，很容易让学生产生厌倦学习英语的情绪。在一些学生眼里，英语与其他专业相比是一门有些乏味的课程，如果不对授课方式进行全面改革，那么很难调动学生对英语的学习兴趣，也很难让学生的英语能力得到提升。当前大部分高校英语授课模式普遍存在的问题是教学枯燥乏味、一成不变。

（五）应试教育倾向明显

我国传统的英语教学主要以应试教育为主，培养学生的考试能力，以通过英语等级考试作为衡量教学效果的重要指标。这种应试考试教学倾向与素质教育不同，其对学生学习能力的提高与发展影响深远。考试本身具有两种功能，一种是评价功能，另一种是选拔功能。在应试教育的影响下，考试的选拔功能是人们更为看重的。

当前，国内大部分初、高中英语教学方式仍然是以应试为主，主要目的是让学生考上大学。到了大学，英语的教学已经不再是单纯的应试教育，甚至是朝着“以考研为目标、四六级为重点、60 分为基础”的方向发展，这就使得英语课无法发挥其真正的作用，没有达到让学生学会使用英语的目标，英语课上花费的课时和实际效果不成正比。许多学了 8 年甚至 12 年英语的学生，甚至对英语的读写还不够娴熟，无法阅读，也无法理解，更说不清楚，无法进行有效的沟通。

（六）词汇量设置不合理

中国学生英语词汇量的学习初中为 1500～1600 个、高中为 3500 个、大学英语四级为 4500 个、大学英语六级为 5500 个。这些单词的学习由四个阶段、四个部分组成，看上去是一条条前进的路线，但实际上，这样的路线只能适用于知识型的课程学习，而不能用在语言型的课程学习上，语言其实是人的一种技能。①

在这条线路上，初中、高中时期学习词汇所需时间过长，大概有难以达到“学得”的目的，严重影响了学生的语言知识的积累和语言能力的提高。最后进入大学时期，英语变成了一门公共课，这个时候的学生已经没有足够的心思去认真地学习、吸收、理解、掌握，或去提高听、说、读、写的综合技能，只是想要尽快地通过大学英语四六级的考试。在大学里，英语被认为是一种学习专业知识的工具，但事实上，很多人都处于努力学习英语的阶段。

（七）语言的输入量太少

目前，英语教学效果不佳，其根源在于语言输入量的不足。语言技能的培养和形成既是一个输入的过程，也是一个输出的过程。如果前期没有充足的输入积累，就不会达到理想的输出效果。但是现在，学生对词汇、句子和文章等语言知识的重视程度并不高，对于听、说、读、写方面的训练严重不足，这就造成了学生的整体语感较差、应用能力较弱的问题。

（八）英语教材单一

目前大学所用的英语教材一般都比较单一，有的还是多年前的旧版。这样不仅无法让学校英语教学与时俱进，而且也无法充实学生的英语学习内容。这种现

① 戴晓晖，张介公．浅析我国英语教学现状，问题及对策[J]．东方教育，2013（003）：22.

象不仅会令教师感到厌倦，而且会让学生感到无趣，长此以往会影响教师和学生的教学热情，降低教学质量。

（九）不注重学生能力的培养

在当前的社会中，青年的就业压力越来越大。尽管学生的学业成绩排名靠前，但并不意味着他们的实际运用能力也很强。学校要想增加毕业生的就业机会，就必须通过各种途径来培养学生的实践能力。英语技能是许多公司在招聘的时候都会考虑的一个重要方面，但是，当前各高校普遍只重视英语分数，而忽视了对学生英语运用能力的提高，造成大量学生英语学习上“高分低能”的现象。这不仅对学生未来的就业前景造成不利影响，而且还对我们国家的人才培养带来不良影响。

（十）评估方法不合理

应试教育在我国由来已久。随着全球经济一体化进程的加快，在一个高度竞争的社会里，仅仅依靠高考分数来选拔人才，已经无法满足社会对人才的需要。高校要想满足社会的需求，为国家培养出更多的人才，就必须改变以往对英语教学质量的评价方式，建立更加合理的评价标准。另外，评价一个人的英语水平，不能仅以英语测验的分数为标准。

（十一）教师资源匮乏

近年来，随着部分院校招生规模和学校规模的不断扩大，出现了公共教学资源和师资力量不足的情况，使教师和学生之间的比例失调、教师的内部结构失衡，尤其是年轻教师、高级教师、学术带头人的比例不均衡，甚至还有部分学校的英语教师的年龄结构偏年轻化，出现教师队伍不稳定的情况。这种公共英语教师队伍年纪轻、人数少、职称低、经验不足的现状使学校的师资无法在年龄、学历、职称方面做到合理化的分配，教师队伍中难以形成合理的梯队，这在很大程度上给英语教学水平的提升带来一定的困难。因此，在当代知识更新速度快、科技发展速度迅猛的情况下，加强教师的师资队伍建设和优化师资资源非常关键。

（十二）学生基础参差不齐

受到地区差异、城乡差异等客观因素的影响，各学校之间及校内间学生的英语水平存在很大的差异。如果将水平相差较大的学生安排在同一班级，则教师很难根据学生的特点因材施教，而且基础较好的学生学不深，基础较差的学生跟不上。可见，学生水平参差不齐的情况给英语教学带来了诸多不必要的麻烦和困难。

（十三）与信息技术的结合有限

随着现代科技的不断进步，在英语教学中，各种现代教学方法层出不穷，为学生提供了一个更加广阔的学习空间，让他们能够更好地接触并学习英语。但是，就现状而言，我们仍然无法充分利用现代教育技术进行英语教学。虽然有些学校已采用了多媒体和网络等先进的教育手段，但是其实施效果却不尽如人意。造成这一结果的原因很多，例如，学生人数众多而现代设备相对较少，造成了总体上多媒体学习环境缺失的问题；再如，信息技术在英语教学的很多领域并不是万能的，这种局限在非逻辑判断领域体现得异常明显。由于信息技术和英语教学都带有自身的发展特点，所以二者的整合过程势必会面临一些问题，具体来说主要表现在以下四个方面。

1．结构失衡

首先，尽管我们国家的许多学校都在进行教育信息化的改革，而且也在不断完善教育基础设施，但多是对教室进行了信息化建设，而在大多数情况下，他们还会使用传统的教学方式，这就导致了在重要事情上信息技术的缺失。

其次，英语教材未与教育信息化高度融合，其教学内容及结构仍停留在词汇、语法等基本知识上，未能充分发挥教育信息化应有的功能，教材更新速度较慢，结构相对滞后。

2．无法达到全面评估

将信息技术应用到英语教学中，虽然对于个性化教学的开展大有裨益，但是其效果仍旧需要以学生的自觉性为保证。例如，在英语作文评价过程中，信息技术无法对学生的作文作出判断，也无法对句子之间的关联程度展开分析，甚至对文章内容与作文主题的关联程度，也无法作出相应的判断。

3．师生缺乏互动

信息化学习只是一种利用网络的学习方式，因此其无法和学生进行情感上的沟通。同样是对学生的夸奖，计算机的表扬效果肯定不如教师面对面的夸奖。教师和学生在情感上的沟通与交流是信息化学习所不具备的。计算机也不能感应学生的情绪变化，并根据学生对知识的吸收程度来灵活调节课程的进度。

另外，教师是英语教学的重要指导者。“师者，所以传道授业解惑也。”为人师表，体现的就是教师对学生在品行上的影响。在正常的师生课堂交流过程中，学生会不自觉地学习教师的行为模式和为人处世的特点，从而提升自己的道德水平，这些都是信息化技术难以达到的。

4. 缺乏动态控制力的课件

信息技术将以多媒体课件为载体出现，并被运用到英语教学中。在英语学习理论的指导下，依据英语教学目标设计课件，在多媒体计算机中展示教学策略和教学内容。一般情况下，英语老师都会制作课件，但在英语教学中使用课件也有其局限之处。

首先，就课件的制作而言，很多教师都在主动地制作和运用课件，但是他们并没有真正认识到多媒体课件的重要性，大部分教师都是把讲授的东西从黑板上搬到多媒体课件上，这样做的实质还是传统的教学方式，并没有发挥信息技术教学的重要作用。

其次，课件一旦制作完成，它的流程就已经定型了，难以在教学中进行更改。教学是一种以教师和学生为主体的特殊认知活动。课堂教学的本质是教师与学生之间的交流和互动，在设计课件时，无法将对这些事件所作出的“反应”融入可控制的流程中，而正是这些不可预测的事件在教学中完成了整个教学和学习过程。这种固化了教学内容、策略及知识表达呈现方式和顺序的形式，排除了师生互动，减少了课堂教学的丰富生动性。

在“预定”的过程之外的课程，教师要么不回应，要么继续采用传统的教学方法。由此可以看出，以课件为载体的教学方式，在教学过程中缺少了对教学过程的动态掌控。

二、针对我国英语教学中存在的问题的解决方法

（一）调整指导思想

高校应该调整教学目标，转变传统教学观念，积极探索有效的教学途径。从

宏观方面到微观方面对现行的大纲和教材作出彻底的改革，包括小学、中学和高等教育的课程和教材。具体来说，就是词汇的设置与分布，把所有单词看成一个整体，有针对性地让初中生和高中生掌握正确的方法进行学习。初中生的词汇量可设定为 3000 个，高中生的词汇量可设定为 6000 个；初中阶段的学习以认识单词、理解语法为主；高中阶段的学习重点是以 6000 个词汇为基础，加强听、说、读、写能力的培养；到了大学，词汇量自然会增加到 8000 个，甚至 10 000 个，这样学生就可以用英语来学习他们自己专业的知识，在这个时候，其英语水平也会得到很大的提升。

（二）把词汇作为各阶段学习的基础

1. 词汇数量要充足

中考单词词汇量以 3000 个为标准，高考单词词汇量以 6000 个为标准，大学以 8000 个核心词汇为标准，而学生要掌握的词汇量要达到 10 000 个以上，能达到 20 000 个更好。

2. 质量要达标

在学习质量的把控上，熟练度是至关重要的。熟练度不达标，就不能很好地使用英语单词。

3. 方法要科学

要找到合适的方法记住英语单词，英语学习中切忌死记硬背，尽可能地通过推理得知词汇的意思，这样不仅能知其然，还能知其所以然，得到更好的学习效果。例如，我们可以通过英语汉语两种语言之间的关系学习一些单词，在汉语中，pool 是“泊”，在汉语中，sum 是“数”；再比如，“官”与 govern（管理），“吏”与 lead/leader（领导），“律”与 law（法律），“礼”与 rite（礼），“儒”与 rule（规则），“部”与 bureau（部、局），“巫”与 witch（女巫）、wizard（男巫），“卜”与 bet（打赌），“武”与 war（战争）。

（三）把句子和文章的大量背诵作为培养语言技能的基本手段

将口语句子的背诵当作一种提高英语语言表达技巧的方法。具体实践中，我们采取了一种“口语模板训练法”的方法，让各学科、各年级的学生在所读文章中挑选精品的英语口语句型背熟，以提高他们的英语水平；同时，也要将熟读课文当作培养语感的一种方法，可以采取“诗歌捆绑记忆法”，让学生把整篇文章都背下来。

（四）通过记忆法来提高语言输入量

用科学的方法进行记忆，能有效地改善学生的学习能力，增强学习效果。通过科学合理的记忆方法，可以提高课文的熟练性。熟练性是提高语言水平的重要一环，熟练性不足是学生英语成绩不佳的根源所在。

（五）通过改变考试方式来指引学生进行语言输入

在中国，考试是最为常见的。通常，考试考什么，学生就努力地学什么。按部就班的应试考试只适合知识型学科的考查，并不适用于英语这种应用型学科的考查。

（六）提高对应用型英语的重视程度

由于目前社会所需要的人才大多是应用型人才，所以如果能很好地把英语知识运用到实际工作中，那么人才就会受到各个单位的青睐。因此，各类院校都要提高对应用型英语的重视程度，注重对学生英语应用能力的培养。只有对学生的实际能力足够重视，才能进一步制定各种培养方案，在一定程度上促进学校教学方案的改革。

（七）提高师资水平

教师是教学的发起人，良好的师资力量是学校教学水平的保障。为了提高学校的英语教学水平，学校要重视对师资的培养，不但要吸纳更优秀的教师前来教学，还要加大对各种教学设备的投入。陈旧的教学设备已经不能满足目前英语教学的需求，因此，要注重教学设备的更新，做到与社会发展同步。与此同时，还要重视对教师的培训工作，提高教师的整体素质，如定期组织教师去优秀的学校学习英语教学的新方法和新理念。

（八）加强教学与信息技术的结合

教学要与高新技术相结合。在教学中使用现代化的教学手段，使学生可以用更多、更广泛的方式接触和学习英语。利用视听说设备既可以训练学生的口语水平，还可以增强学生的学习积极性，因此学校要加强对多媒体及其他信息技术的引入，探索出适合本校的现代化教学新模式。

学生是祖国的未来，必须足够重视对他们的教育以及培养。好的教育方法能提高学生的英语应用能力，提高他们与外国人的交流水平。虽然目前我国英语教学存在一些问题和不足，但是只要认真分析、认真对待这些问题，合理地将其解决，就能够使我国的英语教学更加适合当今的社会发展。

第二节 我国英语教学对象及方法

一、我国英语教学对象

（一）我国教育活动的教育对象

主体性教育是根据社会和现代教育发展的需要，以启发和引导受教育者内在的教育需求，并培养学生能够独立自主、自觉能动、积极创造地参与实践活动的教育。在整个教学活动中，学生是特定的认识主体和信息交换的主体。在教育活动中，学生主观能动性的发挥对教育活动的成效起着重要作用。

在新一轮课程改革中，教学活动越来越重视学生在教学过程中的重要性，不再一味地强调教师应该如何进行教学，也不再一味地强调教师主体的重要性，而是开始全方位地关注教育的双方，尤其是学生。要想进行教学改革，开展素质教育，转变学生的身份是最基本的也是最重要的一环。在吸收知识时，让学生由被动变成主动，从“痛苦”学习转变为快乐学习。新一轮的新课程改革提出了“坚持以学生为本，以学生发展为主体”的新理念。这就要求在未来的课堂上，教师要把重点放在教育对象上，要把对学生的基本技能和创新能力的发展放在第一位，把学生变成课堂的主人，而教师只是课堂的总指挥，在课堂上要让学生主动地参与教学，把他们的主体作用发挥到最大。学生是一个特殊的社会群体，既是社会存在的重要组成部分，又有不同于其他社会群体的特殊性，其特征如下。

第一，学生应是素质全面发展。学生的特殊性表现在其是处在不断接受他人教育的群体。无论是处在人生的哪一阶段，一个人一旦成为学生（受教育对象），那么在家庭、学校和社会当中，就要不断吸收各种有用的知识，使自己不断成长，不仅有生理层面的成长，还有心理层面的提高。只有这样，才能使学生的素质得到全面发展。

第二，学生都是有目的的。学生都有其需求的目标。所谓“学”，是指要学习的东西。学生学习知识都是有目的的，包括生存、增长学识、培养爱好，等等。在不同的年龄阶段，学生的目的也各不相同，但是唯一不变的是学生的学习都是有其存在的合理意义的，所进行的教学活动都是有章可循的。

第三，学生具有人的独特性。学生区别于其他群体的独特性在于其所在的环境和所要遵循的制度是特殊的。正如国家有法制，公司有规章，学生也应遵守适合其身份的纪律。学校是社会中特殊的环境构成体，在这里，学生有区别于社会人的独特一面，即其会在一个相对单纯的环境中学习各种生存与发展的知识和技能。同时，学生具有的自我能动性促使其努力把自己变成完整的个体。

在教育活动中，教育的主体是学生，但是，关于学生的主体性特征，有几种不同的看法。一种看法认为，学习者的主体性不是主体的各种特征的简单叠加，而是主体在一定程度上发展的结晶，学习者在主体活动中呈现出的基本特征是流动性、社会性、自主性和创造性。另一种看法认为，主体性体现了人类认知主体对客观世界的作用。认知教学中的主体性，一方面是指教师主动选择外部信息，具有自觉性和选择性；另一方面，体现在对外部信息的内部处理上，可能受到学生原有的认知结构、情感、经验、思维方式、意志和个性的限制，表现出独立性、创造性。也有学者提出，人的主体性是由人的现实性、有效性、能动性、创造性和自主性构成的。还有学者提出主体性的特征是整体性、自主性、能动性、创造性、独特性和发展性等。这些研究都有自己的独特之处，对学生拓宽思维，提高学生的学习能力，增强学生的学习主动性都有很大的帮助。

（二）关于学习对象的反思

很多学者将学习客体视为具有教育功能的数字信息单元，而学习主体所包含的基本原理，则与搭建积木的基本原理相似。每个学习主体之间都能相互组合，就像是乐高搭建一样，所以才有了“乐高法”。威利提出了关于学习主体和乐高法属性的三项对比：第一，不同大小、不同颜色、不同形状的乐高积木，它们是可以相互组合的；第二，乐高积木可以随意组合；第三，乐高拼装起来很容易，谁都能拼出新的东西来。这一比喻表明，学习对象在创造新的结构时，灵活而方便且极具潜力。不过，这一比喻有些过于简单化了，作者将在下文中进一步说明。

为了实现良好的互通性和移植性，需要将学习对象的外在结构按照规范的要求进行搭建。“学习技术标准”的目的是保证一个统一的方法来开发、组织和分布学习对象。有很多不同的机构和项目用于学习技术标准的开发，其中包括正式的标准机构，如国际标准化组织（ISO）、欧洲标准化委员会（CEN）、美国国家标准学会（ANSI）、荷兰国家标准（NEN），类似于航空工业 CBT（Computer-based Training）委员会（AICC）和电气与电子工程师协会（IEEE）这样的学习技术标准委员会，政府资助的项目如 ADL 计划及由供应商、出版商和教育组织组成的财团，如 IMS 全球学习联盟和都柏林核心元数据计划等，都致力于开发学习对象元数据（LOM）标准。尽管这些不同的组织和方案制定和提议了标准，但实际上它们并未获得真正的认可，一些具体的要求或规格还在不断地精化和改进。

需要特别关注的是，当前的标准开发已经着重放在学习内容方面，主要反映在以下三个方面：首先，制定了各种不同学习对象的连接方式，即说明了这些学习对象如何组合或重组；其次，明确了学习对象及数字化学习系统的传播结构，也就是说明了内容管理系统或传递系统如何运用学习对象；再次，规定了元数据字段，即标识学习对象所采用的标签及其意义。在教育中，要实现结构、传播及元数据处理方式的标准化非常困难，原因在于这些标准必须保持教育中立性。即使采用中立的方法，也应该以确保用户具有可操作性和可搬移性的教学方式，以提供各种教学方法的实施机会。“教育建模语言”为 IMS 全球学习联盟的教学设计人员提供了一种通用教学结构的描述方式，从而让他们能够首次尝试提供多种教学方法的机会。尽管如此，IMS 全球学习联盟仍然秉承教育中立原则，通过标准化的方式提供多种教学方法的实施可能性。因此，在学习过程中，学习对象主要通过技术构造“积木块”的灵活方式来创建更大的结构。当然，还需要定义和规范技术结构，以使学习对象能够组合或重组。对于非专业人员来说，很难确定学习内容标准化的程度是否合适。由于规范过于烦琐，仅有专家级别的人员才能够做到，且很难获得可靠的检测结果。一般来说，不同领域的标准之间的相互关系并不明确，而且缺乏与学习对象相关的教育解决方案。

二、我国英语教学方法

（一）英语教学的方法

英语是人们用于沟通的一种手段。只要有正确的方法，英语学起来也不难。在一篇英语文章中，描述了马克思如何学习一门外国语言。马克思在50多岁时为了解俄国的局势而努力学习俄语，他只花费了半年的时间，就可以读得懂俄国的文章和新闻报刊了。所以说，在外语的学习上，如果能多下点功夫，掌握好学习方法，一段时间后定能取得良好的效果。

1. 多朗诵，重语感

大量的朗诵能够提高学生的语感，简单来说，语感是一种对语言的感受，更详细地说，就是在阅读的过程中，能不经思考地感受到句子所表达的意思。无意识语感，就是感官和思维的结合。有时，阅读大量的文本，碰到问题，不需要去思考相应的语法，只凭语感就能找出正确的答案。

2. 多检查，重预习

预习是英语教学中的一个重要环节，也是学生主动学习的一个重要开始。叶圣陶先生曾经说过："不教学生预习，他们经历不到学习上很有价值的几种心理过程。"① 许多学生并没有将预习放在心上，在课堂上，当他们听到老师或者是别的同学所说的知识时，总会有一种懵懂的感觉，这就造成了他们还没有完全理解课堂知识，就已经下课了。

久而久之，学生就会觉得学英语是一件非常困难的事情。但是只要事先做好准备，在每节课前对英语课文有个大概的了解，就能轻松学会英语。许多学生在面对老师布置的预习任务时，都会感到疲惫，而预习效果也不能像课堂检测那样可以进行直观的考核，因此，教师也就不能很精准地把握学生的预习情况。

3. 多活动，重氛围

多开展活动，重视激发学生的兴趣，创造愉快的学习气氛。快乐的教学使学生喜欢上英语。在教学中，要多让学生参与，将参与和思考相结合，才能获得良

① 卢惠姗. 在两点和一线之间[M]. 北京：教育科学出版社，2007：281.

好的结果。教师可以将学生分为几个小组，在学习了新课文之后，教师们再分配角色给学生，让他们进行表演，或者以课文为例，自己编、自己演。这样，学生就需要把课文的内容背下来，并且为了写出有创意的剧本，需要运用大量的英语知识，所以学生会更积极地学习。这样的话，学生学习的时候，才会更有动力，更有效果，而且这种演出的学习形式，学生也是非常喜欢的。在刚开始的时候，他们的学习兴趣就会被调动起来，起到了事半功倍的作用。多组织一些团体之间的演出竞赛，可以提高学生演出的兴趣，其中表现好的那一组将会更用功，更深入地学习，以保持优异的成绩。在这一过程中，学生的好奇心得到了极大的满足，他们从被动的学习转变为主动的学习，在自己的学习过程中找到了一条通往知识的道路，从而使自己的英语学习能力得到了极大的提升。

4．多关爱，重情感

教师需要时时刻刻关注学生的成长，增进师生之间的情感交流，在相互反馈与促进中，实现教师与学生的自我需要；同时，尊重和理解学生也能达到良好的教学效果。

（二）关于英语教学的反思

1．鼓励学生大胆地说英语

通过构建不同场景，鼓励学生勇敢地使用英语，并以宽容的心态对待他们在学习中犯的错误。教师可以利用教材，将实际情境呈现在课堂上并创造全新的学习环境。例如，当进行英语“What’ s your name？”“How old are you？”的教学时，可以设定一些结交新朋友或者自我介绍的情境，以此激发学生的积极性，让他们有机会到讲台上展示并提升英语表达能力；再如，老师和学生可以在一天的开始和结束时互相问候，说“早上好”“再见”，鼓励学生尝试使用“good morning、hello、see you、thank you、you are welcome、goodbye”等英语表达方式与老师互相问候。这样做有效地增强了学生运用英语进行交际的技能，使他们更善于使用英语进行灵活的交流。

2．为学生创设英语交际情境

可以使用全身反应教学法来创造英语交际情境，激励学生勇敢地使用英语，促进师生互动和同学之间的互动。在教学中，应注重培养学生的英语听、说、读、写综合能力，激励他们勇于运用英语进行表达，并将其应用于实际生活中。提供机会让学生探索并发现自身存在的问题，并鼓励他们独立解决。

3. 加强与学生的沟通

在教学过程中注重与学生沟通，让学生消除学习英语的恐惧感。不知变通的学习方式不仅会对英语学习的成效产生负面影响，还可能让学生对学习英语感到厌烦，而一个轻松、愉快的学习氛围对于学生学习英语是非常有帮助的。只有在对学习英语产生兴趣的情况下，学生才能保持着英语学习的热情并取得优异的成绩。以下是教师可以采用的方法：以尊重为出发点，鼓励学生积极尝试，如鼓励学生大声朗读和背诵课文，大到让学生可以听到自己的声音，并逐渐达到流畅、自如的程度；针对那些基础较差或性格内向的学生，应当降低他们学习英语的难度，并在他们逐渐进步的同时及时给予肯定和鼓励，以提升他们的自信心，使他们获得成就感。

4. 鼓励学生多说、多记、多背

要掌握一门语言，需要努力练习口语、加强记忆和背诵，只要付出足够的努力，就能轻松地克服英语学习中的难题。在英语学习过程中，有许多琐碎的知识点需要学习，每天都会有新的知识点出现，因此，学生需要花费更多的时间和精力去记忆和背诵这些内容，这对学生来说是最为棘手的问题之一。英语学习的核心是掌握单词，如果无法记住单词，那么学生将很难掌握句型和培养良好的听力能力。因此，教师可以鼓励学生通过音标发音学习单词，并多次反复朗读加深记忆。遗忘知识的速度随着时间的推移会逐渐减缓，但熟记的知识也可能被遗忘，因此需要加强巩固练习。例如，可以让学生背诵一个小对话，之后鼓励他们站到讲台上表演这段对话，从而提升他们学习英语的兴趣；可以利用多种教学资源，如多媒体、网络技术等，教授学生一些广为人知的简单英文歌曲，从而引起学生对语言学习的兴趣，并提高他们对语言的感知能力；在考试前，可以让学生把一篇英语课文读熟并背诵下来，有利于相关题目的作答；大声地读英语可以培养学生的语感，巩固所学的语法知识。当学生阅读流畅无阻时，会显著提升其对英语学习的信心。

5. 建立良好的师生关系

建立良好的师生关系非常重要，因为教师和学生是互相促进、互相依赖的关系。教师和学生可以通过频繁地使用英语进行交流来加深这种关系。尽管“教”

和“学”是一个矛盾的过程，但教师和学生能够保持和谐的关系对于成功完成教学任务来说至关重要。如果学生对一位教师的印象好，那么他们会对这位教师所授课程产生浓厚的兴趣并格外重视；相反，如果某位教师并未给他们留下好印象，出于心理上的逆反，他们可能不会乐意学习这位教师所教的课程。因此，教师应全面了解学生，掌握学生的兴趣爱好及情绪波动情况，始终关注、呵护、尊重并支持学生。只有师生之间的关系和谐融洽，学生才会对学习充满兴趣。

有效评价学生的表现至关重要。通过对学生的评价，能够帮助他们了解自己的情况和表现，进而促使他们对自己进行反思，调动他们调整学习方法的意识。教师应该在学生回答问题的过程中及其成绩提高的过程中，在口头和书面上给予评价。同时，还需鼓励学生不断进步。在考试结束后，学生应该进行自我反思，评估自己的成绩和不足之处，并确定今后的努力方向；此外，学生也可以相互评价，找出自己的优缺点，并互相促进学习。

第三节　我国英语教学影响因素

影响英语教学中的因素有很多，在这里主要讲的是指影响英语教学的因素。在此不对每一个因素进行一一详述，但在学校英语教学中，重要的因素包括教师、学生、教学内容和教学评价、学校规章制度及社会经济需求、环境等，在此对其进行列举与说明。

一、教师

（一）教师的角色

1. 知识的传授者

教师是知识的传授者。一方面，教师通过对教材的熟知与理解，将知识传授给学生；另一方面，教师作为主动的施教者能够监控整个教学的活动。

2. 课堂教学的规划者

科学地规划课堂教学才能让英语课变得更好。这就需要教师在课前精心安排课堂引导、教学内容和课后总结等各个教学环节，特别重要的是课堂导入的规划。

例如，在讲授关于“谦虚”的课文时，教师可以通过适当的举例进行课程上的引导，通过具体的实例导入规划可以有效地将学生引入教学情景中。

3. 教学活动的供给者和促进者

教师在课堂教学中，既是活动的供给者，也是信息的反馈者，同时还是活动进行的促进者。

第一，教师应该策划和组织课堂教学活动，以确保学生能够理解规则。为此，教学必须向学生提供必要信息，以便让学生按要求参与小组讨论和教学活动。

第二，当学生参与课堂教学活动时，教师需要及时给予反馈，以引导学生朝着预设的教学目标努力。这样，教师就成为教学活动信息反馈的提供者。

第三，教师在教学活动中还起着助推器的作用。当学生在任务中遇到困难时，教师并不是要直接告诉学生，而是从侧面去引导学生。教师可以提供有效的线索给学生，让学生把前后的知识串联起来，从而达到活学活用的效果。另外，教师应该做到：帮助学生制定合适的目标，修正学生的学习策略，指导学生掌握良好的学习方法，建立一个和谐的师生关系与融洽的学习氛围等。

4. 课堂教学的组织者

教师在课堂教学中承担着策划和实施的双重角色。为了提供高质量的教育，教师需要非常熟悉教学内容，明确教学重难点，并根据班级的实际特点及学生的需求设计恰当的教学活动。

而作为教学活动的组织者，教师需要让学生明白做什么、怎么做。学生有了活动目标，就可以用最巧妙的方式完成教师交代的任务。另外，在课堂教学中，教师不能一味地传授知识，而应该组织学生去发现、寻找、收集及利用学习资源，组织他们营造良好的学习气氛等。

5. 教学发展的协助者

教师这一协助者在教学中的辅助作用主要有两方面：一是导师指导，二是提供教学辅助。

第一，导师指导主要是在教师教学时，教会学生学会如何学习、如何自主学习及如何与同学一起合作学习。除此之外，教师在教授学生文化知识的同时，还需将学生对人生价值和世界的看法引导到正确的道路上。

第二，教师通过担任辅导员的角色，对学生的学习进行有针对性的辅导。例如，对于成绩优秀的学生，教师会提供特别的学习辅导；而针对成绩较差的学生，教师也可以通过课外辅导或兴趣引导的方式进行适当的辅导。

6．教学过程的示范者

教师的教学示范者角色主要涵盖两个方面：课堂教学示范和人格魅力示范。教师在进行课堂教学示范时，首先需要展示或讲解语法结构及语言知识点，然后带领学生进行实践练习。这样可以让学生通过模仿和练习，掌握新句型和正确发音技巧。其次，教师会要求学生根据上下文关联的语言情景，自主运用所学新知识来加深理解和巩固记忆。教师在教学过程中应该展示人格魅力，不局限于作为学科专家传授知识，更重要的是通过一种具有超凡魅力的教学形式，促进学生形成积极的价值观。教师以自身人格魅力为基础，激发学生自主学习的积极性，呈现具有超凡魅力的课堂示范教学。教师的幽默风格、博学知识和宽广胸怀，让他们有更多的力量去感染学生。教师的人格的典范，将对学生产生长远的影响。

7．心理的咨询者

教师还应该成为学生心理的咨询者和辅导者。教师应该多与学生接触，了解学生的心理动态，在交流中帮助学生树立健康良好的思想意识，从而帮助学生增强自己的思想文化意识，使学生的心理逐渐走向成熟。

8．教学的评价者

在教育测试过程中，教师担任着两个角色，一个是课堂教学活动的评价者，另一个是学生学业成绩的评价者，也就是说，教师扮演着评价者的角色。由于传统文化的影响，我国的教学理论在教学目标、教学内容和教学评估三个方面都呈现出比较明显的功利性倾向。考试成为我国教学目标的核心，学校教育的教学内容与考试要求高度契合，教师会根据考试要求安排教学内容，学生则会按照考试范围进行学习。太过功利性的目标会导致人们忽视个体发展的重要性，教育内容完全围绕着考试大纲，并且教学科目由国家规定。教师按照考试要求，在教学内容方面严格遵循标准进行教学，传授知识使学生取得高分数和提高升学率。这样，考试成为评价学生学习成果的主要手段，高分可决定学生是否能进入大学及选择何种层次的大学，这也使得考试成了学生改变人生、改变社会地位的最有效的办法。作为评估者，教师需要转变教育思想，摒弃功利主义的教育观，构建满足素质教育要求的课程体系，并建立合理的英语教学评价标准。

在教学中，需要过程性评价的加入，在学生参与的活动中进行有效的评估。在日常评价中要求教师采用多种评价方式，如测试性与非测试性评价、形成性评价和终结性评价，用评价结果激励学生学习，促进学生能力的发展。

（二）教师的素养

在我国，英语作为一门外语，其使用范围有限，绝大多数英语学习者主要是通过课堂教学来完成英语的学习。这就要求教师在教学过程中，除了要充分发挥自身主导作用，更要注重自身素质的提高，以给学生带来潜移默化的影响。归纳起来，教师的基本素质包括以下三个方面。

1. 专业素养

（1）较高的语言水平。较高的语言水平是一名英语教师的基础，主要包括扎实的语言专业知识和较高的语言技能。只有教师自己具备较高的语言水平，才能够全面地掌握教材，才有能力将知识传授给学生。对于学生来说，一位高水平的优秀教师对其潜移默化的影响是非常大的。因此，教师不仅要具备系统的英语语音、语法知识，还要拥有较大的词汇量，同时要具有良好的听、说、读、写能力。

（2）系统的教学理论知识。系统的教学理论知识是英语教师必须掌握的。教师除了要具备教育学、心理学理论，还要掌握外语教学理论知识，其主要包括现代语言知识、外语习得理论知识和外语教学法知识等。

（3）传授和培养英语知识技能的能力。具体来说，教师传授知识技能的能力主要涉及以下五个方面。

第一，要善于讲解。讲解是所有教师必须具备的最主要、最基本的工作能力。一名合格的教师要善于将复杂的教学内容变得通俗易懂，能够深入浅出地进行讲解。为此，教师不仅要充分了解学生的心理、生理特点及学生的英语水平，还要认真细致地做好备课工作，并且要根据不同的内容选择适当的讲授方法，在讲解的过程中还要做到重点突出。

第二，要善于示范。英语教学既要传授知识又要培养技能。学生语言技能的训练包括发音、书写、朗读、说话，这些都需要教师进行示范，然后学生对教师的示范进行模仿。教师要将示范和讲解相结合，用示范配合讲解，或者用讲解来突出示范中的重点，做到示范正确、标准。由于示范是为了让学生进行模仿，所以还要与学生的实践相结合。

第三，要善于提问启发。向学生提问是英语教学的重要手段，教师要善于使用这一手段。例如，在讲授新知识之前通过提问来复习旧知识，用提问检查与复习讲授的内容。使用提问教学手段时教师要注意两点：提出的问题要适合学生的实际水平；二是提问要调动全班学生的积极性。

第四，要善于引导学生进行练习。语言技能的培养需要大量的语言实践，如语音练习、语法练习、口语表达练习、听力培养练习、阅读练习、写作练习等。教师要熟悉各种练习形式的作用，并在英语课堂教学中引导学生进行各种练习活动，有效培养学生的语言技能。

第五，要善于纠正学生言语中的错误。学生学习英语是一个逐步进步的学习过程，在这个过程中难免会出现错误。有些错误是学生是可以自行改正的；而对于有些错误，教师也应该有策略、有技巧地进行纠正。哪些错误需要纠正，哪些错误不需纠正，在何时纠正、如何纠正，都反映着教师的教学实践素质。

（4）综合教学能力。综合教学能力是指在英语教学中所需要的语言本身之外的教学能力，主要包括唱歌、书写、绘画、制作、表演等。具体来说，“唱歌”是指能够结合学生学习的进程编写、教唱学生喜爱的英文歌曲；“书写”是指书写字迹工整规范；“绘画”是指会画简笔画，并能将其运用到教学之中；“制作”是指能够设计制作适用于教学的各种教具，包括幻灯片、录像、电脑软件等；“表演”意味着善于运用肢体语言，通过丰富的面部表情和协调的动作忠实地传达意图和情感，做到有声有色。

2. 师德素养

我国英语教学应把德育工作摆在素质教育的重要位置，德育工作的成效与教师的师德素养直接相关。师德是教师从事教育教学活动的动力源泉，体现在教师对学生的热爱、对事业的忠诚、对教学执着的追求和人格的高尚，并且直接影响着学生的成长。因此，英语教师必须具有坚定的理想信念，科学的世界观、人生观、价值观，忠于人民的教育事业，拥有爱岗敬业的奉献精神，热爱学生。教师只有自身懂得奉献、体现公正、具有责任感，才能言传身教。

3. 人格素养

人格素养是教师素养的综合体现。“身教重于言教”这句经典名言总结了教师职业特质和专业特点，同时概括了对现代英语教师人格塑造的要求。一名优秀的英语教师应具有高尚的道德品行，宽容、谦逊、好学的品质，正确的自我意识，良好的心理素质，幽默的语言表达，和谐的人际交往，端庄的仪表风度，崇高的审美素质，积极耐心的工作态度及丰富的知识经验等。这些方面并不是孤立的，而是相互联系、相互影响的。

二、学生

（一）角色定位

在英语教学中，学生主要扮演以下四个角色。

1.主体者

学生是英语教学中的主体，他们对知识的探索、发现、吸收及内化等都有利于知识体系的构建，有利于形成科学的世界观、人生观和价值观。

2.参与者

作为外语教学活动的重要参与者，学生应积极主动地参与到各项活动中，积极思考，敢于表达自己的观点，展示个人的才能。

3.合作者

英语教学是师生之间及学生之间共同进行的，所以相互合作是不可缺少的。在合作中，他们可以相互学习、相互帮助、共同进步。

4.反馈者

在英语教学中，学生的反馈信息是教师教学的一个重要依据。学生可以结合自身学习经历和教学法的实用性向教师提出建议或意见，并协助教师改进和完善教学内容和教学方法从而提高教学效果。

（二）影响学生英语学习的因素

1.个体差异

语言潜能是学习英语所需要的认知素质，它本质上是一种与生俱来的天赋特质。培养学生综合语言运用能力的重要手段是刻苦学习以提高英语素质，而语言潜能也就是用学生的认知素质来预测其学习英语的潜在能力。一般来说，学生应具有的以下三种学习能力。

第一，学生需要掌握语音编码、解码的技巧，即关于输入处理的能力。学生应有归纳语言学习的能力，它有关语言材料的组织和操作。

第二，学生对语法还应有一定的敏感性，它是从语言材料中推断语言规则的能力。

第三，学生应具有一定的联想记忆能力，它是关于新材料的吸收和同化的。

2. 学习动机不明确

动机是一种积极调动学习英语的情感因素，英语学习受到动机这一重要情感因素的影响。这种心理状态受个体内部的渴望或需求所驱动，促使学生朝着特定的目标而努力。这种努力的动力和方向是某种欲望或需要而激发、引导和维持的。外动力（追求职业发展或实用目的）、内动力（对英语文化的浓厚兴趣）、附属内动力（为了实现父母的愿望，达到教师的要求）这三个因素组成了英语学习的动机。大多数学习英语的学生都是出于外在动机。而内在动力是指追求知识的渴望，它是教师教学中最为稳定和重要的动机之一。这种内在动机是培养学生学习兴趣、激发学生学习积极性的一种方式。在教学中，我们注意到相当一部分学生未能对英语学习产生极大的热情。在课堂外，学生平均花在英语学习上的时间又很少。从现状分析得出，高中英语的学习主要动力在于进入大学的考试要求。在进入大学之后，学生的升学需求已经得以实现，但是还没有形成新的英语学习需求，因此，许多刚进入大学的学生对于英语的学习还不是很清晰。对于非英语专业的学生，他们学习英语的主要动力来自外在因素，而内在动机则相对不足。正确的远景型学习动机占主导地位，而非正确的甚至错误的学习动机也广泛存在，近景性学习动机也颇为普遍。因此，学生的学习积极性不高，依赖老师。

3. 缺乏自信心

许多学生，特别是偏僻地区的学生，在高中阶段往往只注重基础的文化课知识的学习，而在英语方面却没有投入太多的精力和时间，英语成为他们普遍的弱项。在英语学习中，一些学生对英语产生了畏惧心理，产生了较大的压力，导致他们的口语水平较低；许多同学一谈到英语，就觉得头疼，就好像英语就是自己的“天敌”。除此之外，进入大学后，学生往往会认为英语不再像初中和高中时期那么重要了；他们会更加关注专业课的学习，导致在英语学习上放松了很多，长时间以来便对英语失去了热情，面对英语学习的心理压力增加，语言应用能力不足，对自己缺乏信心。

4. 缺乏科学有效的学习方法

许多学生缺乏恰当的时间管理技能和科学、高效的学习方式，因此难以有效地规划学习时间。高中生学习英语大多是为了高考，大学生为了通过大学英语四、六级考试而学习英语，所以他们把大部分时间和精力都用在了词汇和模拟试题的学习上，而不太注重平时的英语课堂学习与知识积累。他们花费了大量时间去做模拟题，且试题的种类繁多。一些学生想要增加词汇量，所以选择背词典，然而这种方法只会让他们记住单词，却无法理解其语境。这种方法耗费时间且效果不好，同时也不符合人类学习语言的自然规律。此外，许多学生目前并未认识到朗读和背诵英语句子和短文的重要意义，语言输入不足。

三、教学内容

教学内容是连接学生和教师之间的桥梁，也是教学实践中不可或缺的一个重要构成因素。教学内容是在教学过程中达成教学目标所必需的知识、技能、思想、观点、概念、事实、问题和行为习惯等所有要素的集合。这些要素是由教师和学生共同合作而形成的。教学内容是一种特殊的知识系统，既不同于语言知识本身，也不同于日常经历；既要考虑英语学科本身的知识体系，又要考虑学生的年龄特点和实际需求等。一般来说，教学内容包括以下五个方面。

（一）语言知识

英语基础语言知识是综合英语运用能力的有机组成部分，是语言学习和语言运用的重要内容之一。没有扎实的语言知识，就不可能有较强的语言能力。

（二）语言技能

听、说、读、写是学习和运用语言必备的四项语言基本技能，为学生发展综合语言应用能力奠定了重要基础。“听”是辨别和理解语言的能力；“说”可以描述为运用口语的技能，以传达想法和传递信息；“读”是识别和理解书面语言的能力；“写”是利用文字来表达想法、传递信息的技能。学生通过参与各种专业和全面的语言实践活动，培养并整合了听、说、读、写四项语言技能的应用能力，这为实际的语言交际打下了基础。

（三）情感态度

情感态度是在学生学习过程对学习效果有影响的因素，如兴趣、动机、自信、意志和合作精神等。此外，它还包含学习过程中逐渐形成的爱国意识和国际视野。在教学过程中，教师应该积极启发和加强学生的学习热情，引导他们逐渐将其转化为可持续的学习动机，并建立自信心、意志力和合作意识，通过不断地发现和弥补自身学习中的优缺点，培养良好的品格和积极上进的态度。

（四）文化意识

在外语教育领域，文化涵盖的范围包括所学习语言国家的历史背景、地理位置、社会风貌、传统习俗、生活方式、文学艺术、社会行为准则、价值观念等。对学生来说，探索和认识英语国家的文化有助于提高他们的英语理解和运用能力，同时也加深了他们对本国文化的了解和认识，提高了他们的人文素养，拓宽了他们的国际视野。因此，在教学过程中，教师需要关注文化意识的灌输，将学生的年龄和认知能力作为参考，教授相应的文化知识，达到培养学生的文化意识和全球意识的目的。

（五）学习策略

学习策略是学生为实现有效学习和全面发展所采取的各项举措和方法。学习英语的方法有多种，包括认知技巧、自我调节技巧、交流技能和资源管理技巧等。学生通过培养学习策略，可以更加高效地掌握英语知识，从而为未来的终身学习打下坚实的基础。合理有效的英语学习策略可以改善英语学习方式、增强学习成效，并帮助学生掌握学习技巧和培训自我学习能力，进而将学生打造成会终身学习的人才。因此，教师应有针对性地辅导学生形成对自己有利的学习策略，监督和反思他们的学习过程和成果，使学生学会参考不同的学习风格而不断调整学习策略，引导学生学习其他人高效的学习策略，与他人交流、学习体会，尝试不同的学习策略。

教材是传授教学内容的重要工具。新课程改革中，教材扮演了关键的教育教学角色。教材是教师用来教学的材料，也是学生用来学习的材料。简单地说，教材是为教师的“教”和学生的“学”而服务的，是课堂的必须具备的要素。然而，教材是死的，学生是不断变化的，而且任何教材的编写都受编者水平和资料的限制，不可避免地会存在某些缺点和不足。如果教师一味地以完成教学任务为目的而忽略学生的反应，按部就班地使用教材，恐怕很难起到促进学生学习的作用。因此，在教学过程中，教师应灵活处理不同的教材，在课上或课下询问学生的感受，及时调整教学的方法和进度。

四、教学评价

（一）课程测试评价体系综述

现代的英语教学，主要采用“问题解决型”和“任务型”教学法，以培养学生听、说、读、写、译英语综合应用能力和研究能力为主要目标。课程注重以学生为教学中心，在计算机网络技术的支持下，以小组合作的学习模式进行个性化、自主化的研究性学习。通过实践性探究学习可以提升学生英语的综合应用技能，培养其自主学习和研究能力，并提高其综合文化素养。为了迎合课程特点和目标，我们设计了一套与之相适应的综合多种评价方法的整体评价体系，与传统的英语课程测试评价体系相比，新的评价体系重参与、重过程，兼顾阶段评价和综合评价，整合形成性和终结性评价，可以准确地记录学生在学习过程中的参与度、态度、方法和成效，同时监控他们的学习进程，及时发现并解决学生的需求和问题。这个评估系统也提供了有价值的教学反馈信息，帮助教师调整教学策略，同时也能帮助学生改进学习方法并提高学习效率。

（二）评价内容

1. 学生的研究性学习成果

学生自主选题完成的研究性项目成果是评价检测的主要内容之一。评价内容包括学习过程中的阶段成果（开题报告、调查问卷、访谈问题、口头展示的框架等）和最终结果（研究过程和结果的口头展示、研究报告）。通过运用多项手段评价学生的研究能力（发现问题、设计项目、获取信息、分析数据、解释数据、解决问题）和语言的综合运用能力（开题报告和项目报告撰写，研究成果口头展示，资料的英汉互译等）。

2. 学生的学习态度和参与度

通过教师观察、组长评价、组员互评，对学生参与状况、参与意识、学习态度进行记录和评价。在评价的过程中，一定要按照统一的评判标准对学生的学习态度及学习参与度作出及时的评价，以达到及时督促学生学习的目的。

3. 学生的自主学习和小组协作学习能力

通过学生的反思报告和档案袋，评价学生自主学习的规划和管理及小组协作能力。教师在进行评价时一定要将学生的自主学习和小组协作学习能力考虑在内，从而引起学生对于自主学习和小组协作学习能力的重视。

（三）评价方法

1. 终结性评价

通过终结性评价的方式，对学生研究过程和结果的口头展示和书面报告进行重点评价，公开透明地评判学生的研究能力和语言运用的能力。

2. 阶段性评价

设定开题展示、中期检查和期末考核（口头陈述研究过程和结果，提交书面研究报告）三个主要的阶段性评价环节，全面细致地监控整个研究性学习的过程，评价学生在各个阶段的进展和表现。

3. 综合性评价

综合小组得分、个人得分、教师评分、组长评分和同伴互评，对每个学生在学习过程中的表现和对学习成果的展示作出综合评价。

4. 教师评价和同伴互评

以教师评价为主，结合各个阶段的同伴互评及组长对整个学习过程的记录，为每个同学进行综合评分。

五、学校规章制度

学校的规章制度对英语教学有着不可被忽视的重要影响，因为学校是国家教育法律和法规的执行机构，是培养社会所需人才的摇篮。一所学校所制定的相关教学的规章制度对其培养人才的教学活动有着十分重要的制约作用，其具体影响主要通过以下两个方面产生。

（一）课堂教学的组织与实施

课堂教学对英语教学有着直接的影响，因为课堂教学是教学活动的中心环节，师生之间的大部分教学行为都是通过课堂教学来实现的。教师对学生的这一系列教学行为主要通过课堂教学来实现，而学生消化、吸收教师教授的知识和内容也是通过课堂的教学活动。可以说，课堂教学的效果不仅关系着我国国家政府部门教育政策的顺利实施，而且关系着这门课程所有的精心设计与教学大纲的顺利实施，最终关系着教学目标的实现及育人效果。在此需要提及的一点是，具体的课堂教学效果是不容易把握的，因为它会随着教学中各种要素的变化而变化。

（二）校园第二课堂的组织与管理

校园文化环境对学生的成长也是非常重要的。我们这里所提到的第二课堂，不仅仅指的是课堂教学的延伸，也泛指整个校园里的各种活动，尤其是涉及英语的形式多样的活动。校园第二课堂的组织与管理属于校园文化环境的一部分，其对英语教学的影响也是不容被忽视的，因为学生在校园里除了课堂上的学习，其他学习和生活占用了他们大部分的时间。如果学校的校园第二课堂的组织和管理比较完善，那么就能够在一定程度上对学生的学习产生积极的影响。

六、社会经济需求及环境

我国的社会需求对英语教学的影响是非常大的。随着中国经济的快速发展，越来越多的中国人和中国企业走出国门，越来越多的外国人和外国企业也走进中国，所以市场对具有英语（或其他外语）语言能力的人才的需求越来越大。很显然，当社会上有强烈的对具备英语语言能力的人才需求时，英语教学的必要性和重要性才得以凸显。一般来说，社会需求对英语教学的影响表现在以下两个方面。

（一）社会所需的英语人才数量越来越大

社会上对具备英语语言能力的人才的需求量越大，对英语教学的推动力就越大，反之亦然。也就是说，如果社会每年对具有英语语言能力的人才都是供不应求的情况，那么学校和学习者本人对英语的教学必然持有较大的动力和较高的热情；如果社会每年对于所需人才是否具有英语语言能力持较低要求，那么其对英语教学的影响自然也是不言而喻的。

（二）社会所需的英语人才质量越来越高

如果社会对英语人才质量要求越高，那么对英语教学的推动力也越高，反之亦然。换句话说，如果社会需要高质量的英语人才，那么学校就会为了培养出符合社会需求的人才而实施相应的规则和措施，自然会推动英语教学的改革力度；如果社会对英语人才的质量要求很低，那么这将直接影响学校在这方面的投入情况，也自然会影响英语教学发展的进程。

第四节 我国英语教学发展趋势

一、英语教学的发展趋势

（一）大纲设计

大纲设计包括确定教学内容、选择教学方法、评估教学效果等方面。在传统英语教学中，教学的最终目标是让学生掌握教学内容，而教师使用的教学方法只是达成教学目标的手段。为了教授语言项目，大纲设计者需要根据结构对它们进行分类并探索相应的教学方法。在语法翻译法中，学生需要掌握相关时态和语态规则并掌握规定的词汇量，然后将这些规则和词汇应用到实践翻译中，这是学习者的学习任务和目标。然而，由于课堂的教学内容和学习方法与学生的真实应用目的不一致，所以学生将所学内容用于实际交流中时遇到困难。随着培养交际技能的教学方法的兴起，研究人员认识到教学过程和教学目标是一体的，是密不可分的。为实现相应的教学目标，学生必须多次参加相应的交际活动。为了完善大纲并让学生获得相关的技能，大纲设计者首先要确定学生需要达成的目标与技能，然后探索适合学生的学习方法，将教学目的和过程有机地融合在一起，形成一个不可分割的整体。

（二）教学方法

在传统的英语教学中，教师通常是课堂上的主要讲解者，是教学的主导者。课堂上的教学内容、教学方法、教学速度和评估方式都是由教师主导，影响着学生的学习效果，而学生则通常处于被动接受知识的状态，缺乏运用语言交流的机会。

大部分学生在学习、掌握语言规则上花费了许多时间和精力，但在实践中有效地应用所学的语言知识对于他们来说仍然是非常困难的。在语法翻译法中，教师主要职责是讲解词汇、语法和课文分析等具体的知识，课堂活动的重点是讲解语言知识点。而该方法却忽视了学生之间的合作、小组之间的交流和学生参与课堂活动的机会，使得学生难以成为课堂的主体。随着交际化教学理念的推广，以往的以教师主导的课堂模式正在逐步转变为以学生为主体的课堂模式，使得学生能够接触并输出大量语言信息。教师逐渐将课堂的掌控权交给了学生，在教师的引导下，学生通过参与小组讨论、角色扮演、辩论赛和对话等活动，逐步培养了合作精神和创新思维。课堂活动的重心逐渐转向学生，教师则变成了课堂活动的协调者、联络员和咨询师。教育内容、教学方法、教学时机及学生评价，都应基于学生的实际情况来制定，倡导并实行以学生为中心的教育理念。

（三）学习者的角色

在传统英语教学中，学生缺乏主动性，仅仅是接受知识的被动方，无法将所学的词汇和语法灵活地运用于实际语境中，而只能通过大量的背诵和模仿来学习，没有意识到学生需要通过实践才能分析和归纳语言，结果使学生仅仅成为语言的模仿者，无法在课堂以外的交际场合中应用所学语言。人本主义思想越来越流行，现在的英语教学强调发挥学生的主观能动性和创造性，鼓励他们通过重新组合所学的词汇和结构来创造新的表达方式。教师激励学生通过不断练习、接触和运用语言来提升其表达能力。在课堂里，师生之间的交流有助于促进课前和课后的互动交流，在这种环境下，学生会成为课堂真正的主人。

（四）语言的处理

传统英语教学中，语法和词汇好像是独立存在的，导致学生难以将它们结合起来形成语义网络，往往不能将所学的语法形式和交际意义进行有机的结合。在语法翻译法中，教师需要向学生传授语法规则，解释单词含义，随后通过翻译练习，巩固其学到的语言知识。学习者通过领悟和归纳来掌握语法规则，而不是仅仅依赖教师的教导。即使两种教学方法的语法规则教授顺序不同，但两者都将语言知识视作独立的语言元素并且将语言的习得视为一个线性的由简单到复杂的过程。事实上，学生不需要一次性、完美地掌握某个语言项目，他们可以在同一时间学习多个复杂的语言项目，并且通过一系列非线性的复杂过程，如重组、假设和验证等来深化他们的理解。传统的英语教学方法无法帮助学生将所掌握的语法规则应用到日常交流中。当前的英语教学中，学者倡导教师将语法规则与具体的交际情景相结合，以便学生了解形式和意义之间的关系，在真实的语境中掌握合适的表达技能。

（五）教学材料

在传统的英语教育中，课本是编写者精心设计语言材料，能够传递一些特定的语法知识或单词技能。但因为这些内容脱离了真实的语境，所以在实际交流中几乎用不到，这对于提高学生的语感意识没有一丝帮助。现今英语教学强调使用以真实的篇章为基础的语言材料，来自电视、报纸、杂志、广播、网络等的真实材料被应用于培养学生的听、说、读、写能力。鉴于这些材料来源广泛，与日常生活密切相关，因此能帮助学生提高实际运用语言的技能。

（六）学习设备

在传统英语教学中，教材被视为学生掌握语言学习的关键工具。因为受到某些条件限制，这些课本通常缺乏配套的视频教学资源，在一定程度上可能会降低学生的学习兴趣。随着科技的进步，学生可以利用网络获得相应的学习资料和资源，也可以利用互联网与英语母语者沟通交流，这有助于提高他们的口语能力与听力技能，并且增加了跨文化的交流。此外，现今的英语教材都会附赠教学光盘，供学生自行学习。这些光盘具备图文并茂的特点，能够有效提升学生的学习效率，并且极大地激发了学生学习英语的主动性。

（七）学习方法

在传统的英语教学中，学生主要的学习内容是依据教学大纲所列出的教学目标而制定的。在使用语法翻译法时，教师会让学生背诵许多单词和语法，而学生需要通过反复练习来掌握所需要的语言技能。不过在完成以上学习任务时，他们没有掌握有效的学习策略和技巧，如果能学会正确、灵活的学习方法，那么会帮助学生提高学习效率，增强自主学习能力。现如今的英语教学要求教师不仅仅重视教授语言知识，还要重视传授学习策略，从而更好地贯彻“授人以鱼，不如授人以渔”的思想。在教学中，教师应该注意教授学生略读、扫读等技巧来获取课文的关键信息，并教授学生如何根据语义场景更有效地记忆词汇，最终达到学生可以灵活地使用语言交流，同时还能运用元认知策略监督和评估自己的学习过程，提高学习效率的效果。

（八）课堂组织与课外活动

在传统的英语教学中，学生只能在课堂上进行语言技能训练，而教师拥有课堂的绝对控制权，学生只能被动地学习语言知识。这种传统的教学方式限制了学生在小组内展开活动的机会。在这种以教师为中心的课堂环境中，学生对于观点的自由发言被限制，他们无法通过小组讨论来协商意见，同时语言表达能力也受到了限制，因此导致了学习积极性和创造性的下降。现在的英语教学倡导让学生成为课堂的主角，教师扮演辅助、评估和监督者的角色。教师鼓励学生积极参加小组活动，以发挥他们的创新性、自主性、合作性和积极性。在这种教学方式中，语法和词汇知识不再是课堂的重点，课堂活动成为教学的主线。此外，自主学习思想的推广已经使目前的英语教育更加注重将课堂学习和课外活动进行结合，通过参与实践活动巩固语言知识，从而增强学生的自主学习能力和学习效果。

（九）测试评估

传统的英语测试关注的是最终的成绩，而不是学习的过程。标准化测试通常由学校等官方机构统一命题和评阅，而讲课教师往往没有干预权，所以造成学生学习的内容与测试的内容并不匹配，这就体现了学生未能完全理解他们所学的知识。现今的英语教学倡导结合结果评估与过程评估，让教师系统性地指导学生自己评估学习行为的方法。通过自我评估，学生能够快速地了解自身的学习成果和不足之处，并及时作出调整和改进。

二、英语教学的发展对我国英语教学的启示

尽管英语教学传统存在许多问题，如过度关注结果而忽视过程、形式优于意义、师生关系不够平衡等，但我们也必须承认英语教学是一项非常复杂的工作，需要考虑诸多因素，如教学目的、教学环境、学习阶段及学生的个性特点等。虽

然传统的教学方法有一些缺点，但其在提高学生语言准确性方面仍有重要的作用，不能完全排斥。

（一）择优选择教学法

在选择最适合的教学方法时要考虑教学目标、教材内容和学生的学习发展水平等因素。有些教学方法只在某个阶段对某些学生有用，不存在一种教学方法适用于所有阶段的所有学生的情况。

第一，教师应当有针对性地根据不同的教学内容，切换使用不同的教学方法。在教授词汇与语法时，教师可以采用语法翻译法来提高学生的语言准确性；在课文的讲授过程中，教师应快速转换教学策略，避免一味地强调句子的意义及其翻译，而是应将文化知识与语言知识结合起来，使学生不仅能提高语言能力，还能增强文化意识；教师可以巧妙地将交际教学法应用到各个单元的主题中，从而提高学生的社会文化意识、语言应用能力、策略能力和交际技能。

第二，教师应根据学生的每个时期，灵活地选择教学方法。例如，在初级阶段，教师应使用语法翻译法，强调培养学生的读写技能；在中级阶段，在学生习得了基本语法和拥有一定词汇量的基础上，可在交际教学法的指导下逐渐转移教学重点，从形式转移到意义上，重点培养学生在不同语境中的交流能力；进入高级阶段后，教师应该以学生为中心，充分发挥他们的积极性和团队协作精神，这可以通过任务驱动、合作原则和小组活动来实现。通过指导学生完成任务，激发他们的学习动机，激发他们的积极性、主动性和创造性。此外，还可以根据不同课程类型或课程特征选用不同的教授方式。针对中国的大部分学生在听力方面薄弱的问题和教材单调的问题，教师可以通过引入情境教学的方式进行授课。这种方法包括使用图文加视频资料等多种教学资源，不仅能够提高学生的理解能力，同时也能够激发他们的学习热情和积极性，让学生在学习中不仅乐于参与，而且更容易入门。

（二）更新传统的教材体系

编写教材的基本原则是教学的基础，因为它直接影响着教师对教学方法和内容的选择，最终对教学效果产生影响。编写教材时，应当关注题材的多样化，使用真实、有趣的材料，并鼓励学习者积极参与学习，使学生能够在愉快、轻松的氛围学习，从而避免教师在课堂上仅注重教材的问题，实现提高学生语言交际水平的目标。

（三）情感态度是影响学习者学习和发展的重要因素

美国著名语言教育家斯蒂芬·克拉申（Stephen D.Krashen），根据他在1982年所提出的“情感过滤假说”，可知语言学习的过程需要积极、乐观的情感态度来推动。那些具有较强自信心和学习动机的学生通常能够更快地掌握语言技能。如果教师总是在教学过程中挑出学生的各种错误，特别是语言形式上的错误，那么学生难免会感到挫败，这会对他们的语言学习兴趣和效果造成长期的不良影响。因此，在教学过程中，教师需要关注学生的学习动力和主动性，帮助他们缓解紧张的情绪。教师应该以宽容的心态面对学生的语言错误，不一定要对每个错误都严加指责，而是要鼓励学生大胆尝试、不断创新。只有在语言错误对表达意思产生重要影响或导致交流障碍时，才有必要以委婉、温和的方式指出并纠正。此外，教师应该注重提高学生的语言流畅度，并在此基础上逐步提高其语言的准确度，以此来提高教学效率。

（四）改革传统的测试评估体系

改革传统的测试评估体系能够解除教学内容受传统测试束缚的限制，减少对学生语言交际技能提升的负面影响。测试被认为是评估教师的教学效果及学生语言熟练度的重要标准。考虑到测试的重要性，英语教师在短期内难以改变自己专注于为学生应对考试而进行教学的态势。在一定程度上，测试限制了课堂教学的主导权。由于课堂教学受到测试的影响，所以英语教学者和测试者应该展开广泛的合作和交流，以确保测试能够有力地促进课堂教学，为学生带来更大的价值。另外，也可以适当增加语言测试重的听说部分的测试，这样可以使教师改变教学重点，从注重语言形式转向培养学生的语言综合运用能力，提高学生的语言水平，促进测试体系的进一步发展和完善。

（五）坚持“以学生为中心”的理念

在课堂中，教师扮演着关键的角色，但是他们需要适度地“授权”给学生，以便通过实践、互动和参与，达到语言交际的学习目标。这可以培养学生的协作精神、自主学习意识和策略意识，从而更好地激发学生的学习兴趣，使其形成积极、乐观的学习态度，最终推动英语实际应用能力的发展。在英语教学中，有许多因素会影响教学的复杂性，这些因素包括学生的水平、学习目标、学习环境及学习阶段等。在进行教学时，教师应该保持开放的心态，不受限于某一种教学方式，而是随时更新自己的教学理念。同时，对于原有的教学方法应该持有辩证的态度，保留其中的优点。为了最大化地提高课堂教学效率，提升学生的英语水平，应该充分借鉴其他教师的优秀教学方法，并根据实际情况进行选择和综合运用。

（六）培养学生的英语表达能力

学生英语水平的发展包括英语表达能力的发展，但在英语教学中，教师通常没有注意到锻炼学生英语表达能力的重要性。所以，英语教师应该优化教学方式，帮助学生培养出色的英语表达技能，全面促进学生的发展，为他们未来接受更高阶层次的英语教育奠定稳固的基础。首先，教师需要在课堂上创造特定的教学环境，以帮助学生更深入地理解抽象的语法知识，并且这个教学环境应该是轻松和愉快的。当教师讲解 travel journal（旅游杂志）时，可以通过创设旅游的教学情境来激发学生的学习兴趣，进而引入本章教学内容。其次，教师应根据学生的实际学习情况，设计适宜的发展目标，协助学生进行听、说、读、写等多样化的训练，以促进学生的全面成长。最后，在课堂中给学生自由练习的时间，让学生发挥其主观能动性，提高其英语表达能力。通过以上的教育手段，教师可以帮助学生在英语表达方面得到全面提升，并使学生具备优秀的英语核心素养。

（七）培养学生的英语思维能力

培养学生英语思维能力是教师的职责之一，这能够助于学生形成核心素养。因此，在英语教学过程中，学校老师应该培养学生的观察能力、分析能力和发散思维能力，以便帮助学生形成英语思维。在课堂上，英语老师需要留出一定时间，鼓励学生自主探究英语知识，帮助他们简单地理解教学内容，以培养学生形成自己的英语视角。教师需要了解学生思维的发展规律，以此为基础来引导学生分析英语教材，并提高学生分析英语的能力。此外，教师须围绕教材内容拓展学生的英语知识面，以培养学生广泛的思维能力。当教师进行有关健康饮食的讲解时，应提前要求学生自主预习。在课堂上，针对学生已经预习过的内容，讲解本节课的重点知识，并利用互联网上的教育资源，扩展有关健康饮食的知识。通过学生互相讨论，可以培养其自我思考的能力，也可以显著提高英语教学的效果，有效促进学生形成关键的英语核心素养。

（八）培养学生的英语学习能力

英语老师应该全方位地了解学生的学习方式和特点，以此唤起他们对英语知识的好奇心和热情。在教学过程中，教师应营造适宜的教学环境，使得学生在舒适、愉悦的氛围中轻松学习英语知识。当教师在讲授农耕方面的内容时，可以创造一个仿真的有农耕地的课堂环境，以帮助学生把所学知识和生活实际联系起来，增强学生对于土地耕作方面相关知识的认识。教师可以把学生分为小组，要求他们在组内讨论本节课程的知识，并创造一种健康竞争的学习氛围。随后，教师会对学生进行提问，而那些英语表达能力优秀的同学会受到老师的赞扬。这种教育模式能够切实提升学生的英语学习能力，并且帮助他们将所学知识真正应用到日常生活中。这对于教师来说非常有利，因为他们可以培养学生的英语核心素养，从而创设高效的英语课堂。

三、英语教学基本思路的转变

怎样定义一堂英语课的好与坏？尽管每位教师的答案存在差异，但有一些因素是被大部分教师和教研工作者广泛认可的，其包括学生对所学语言材料的深入理解，学生始终保持专注，学生在学习时使用英语语言，学生在学习的整个过程中保持了持续的参与度，应当按照预定计划有条不紊地开展课堂教学，语言一直被当作学习过程中的交流和沟通工具。

通过仔细观察，我们可以得出一个结论，那就是要使一节英语课获得良好的效果，必须做到以下三点：一是学生必须表现出高度的积极性和参与度；二是教师需要按照教学计划帮助学生掌握语言材料；三是在课堂上进行仿真的语言交际行为。这三要素也是课堂教学的重要组成部分，概括而言分别是激发兴趣、语言学习、交际运用，下面分别进行解释。

第一个要素是激发兴趣。上英语课时有些学生可能会分心，这是因为他们缺乏对所学内容的兴趣，没有全身心地投入学习。只要教师使用不同的方法激发他们的兴趣或者给予他们一些挑战，学生的参与积极性将会明显提高。激发学生兴趣的途径有很多，可以根据学生的年龄和具体情况采用不同的方法。总的来说，在目前我国英语教学的现状下，我们不能完全排除传统教学方法，可以采用游戏、唱歌、讨论讲故事、展示实物或多媒体等方式来辅助教学，以调动学生的积极性。

第二个要素是语言学习。语言学习涵盖了很多方面，从基本的音标、单词和语法规则到语言的更深层次的意义和表现风格都是其内容。在教学中，教师务必坚持让学生进行语言技能的练习，以便他们能够逐渐掌握更多的语言技巧和知识。

第三个要素是交际运用。学生需要在老师的指导下，尽可能地用所学的语言进行模拟真实场景的交流。在交际运用方面，我们可以运用多种方法来达成目的，如扮演不同角色、展开讨论、进行详细描述、设计方案、进行采访、故事叙述及写作等。

把 ESA（Engage、Study、Activate）三个要素作为一堂成功的英语课的基础，主要原因在于它汲取了当前英语教学法的主要流派的精髓，特别是认为听说法和交际法是学生语言能力提升的核心。听说法的心理学理论背后的学术基础是行为主义学派的理论。在这一领域的开创人物中，伯尔赫斯·弗雷德里克·斯金纳（B.F.Skinner）和约翰·华生（J.B.Waston）被认为是新行为主义学习理论的代表人物。他们提出了一种“刺激—反应”的理论。根据此理论，可知语言学习是在特定环境下逐渐形成的一种习惯。这样的表述可能忽略了语言学习的复杂性，因为它并非仅仅依赖于习惯的形成，还包括其他因素[①]。虽然这一理论仍旧备受争议，但是英语教师普遍采用这种方法进行训练，并且取得了显著的成效。听说法注重培养口语表达能力，着重强化发音、语调和口语训练。提倡采用“听说先行、读写后续”的教学顺序，将大部分课堂时间用于在教师引导和控制下进行重复性的句型练习，或角色扮演对话，以此呈现新词汇和结构。倡导在学习对话时利用模仿和重复的方法，且在句型教学的基础上加强语法知识的授课，鼓励通过视觉、情境和上下文的使用及用英语直接解释。针对新手，这种句型结构规则的教学方法科学实用，能够帮助学生在短时间内显著提升语言水平。

据说，另一个使听说法受欢迎的优点是它注重对英语语言的比较和分析，教师可以预见到难点并严格控制教学内容，从而避免学生犯错误。这个优点也在听说法的第二要素中有所体现。社会语言学是交际法的语言理论基础，其中艾弗拉

---

① 李春苗，林泽炎．企业培训设计与管理[M]．广州：广东经济出版社，2002：28—30．

姆·诺姆·乔姆斯基（Avram Noam Chomsky）和费希曼（J.Fishman）是代表人物。交际法强调根据不同的实际交际需求（如问候、邀请、拜访、就医等）来组织教学内容，以满足学生未来就业的需要。与听说法不同，交际法着眼于培养学生的创造性思维和表达情感的能力。教学过程中，交际法力求根据不同阶段的学习要求，采取适宜的方式开展交际活动，从而使学生能够整合和应用自己所学的英语知识，准确地表达情感。交际法的经典教学方法是通过“双人活动”或“小组活动”来营造课堂氛围和场景，教师会设置具体的交际场景，引导学生参加互动讨论，有时候教师也会加入其中，一同参与。语段作为教学的基本单位，学生从最初的阶段开始就同时学习听、说、读、写等英语技能，通过广泛接触英语，逐渐掌握它，并强调“遗忘母语”的重要性。这种教学方法源自于课堂上推崇交际运用的理念。

首先，虽然交际法是一种有效的沟通方法，但它并不是完美无缺的，因为它忽略了语言的规范性和准确性，进而影响交际效果。由于缺乏积累语言知识的逐步深入系统，交际活动容易出现断层和欠缺，同时，教师在选择交际功能时有很大的自由裁量的权利。诸如经济实力、教师队伍、班级规模过大及学生能力参差不齐等多种因素均直接影响着交际法教学的效果。在ESA的三要素中，有一些方法可以被采用，以将上述缺陷最小化。当遇到类似的问题时，教师可以运用ESA模型中关于“学习”或“参与”的一些策略来解决。

其次，ESA的三个要素充分地考虑了教学的实际情况，表现出以实际情况为基础的教学理念。它让人印象深刻的特点是实用性强、操作性强，不再强调一些抽象的理论，而是提供可行的教学步骤。

最后，ESA模式为教师提供了多种课堂组织形式的选择，以适应不同情况下的教学需求，从而避免了教学方法上的单一化和刻板化，有利于教师开展个性化教学。此外，ESA模式也使人们对于英语课的评价标准有了更明确的认识。对于使用新教材的教师来说，ESA模式具有实际的指导意义。新教材对语言知识的需求更高，同时也对交际能力提出更高的要求。因此，有效的教学方法对教师来说更加重要，这也为ESA三要素的有效应用提供了更好的条件。ESA是一堂好的英语课的必备要素，在教学中应当适度使用。另外，针对不同学生的层次和水平，有必要采用不同的教学方法。

虽然三要素是非常重要的，但并不意味着每堂课都需要采用同样的教学流程。相反，教师应该基于学生和教学材料的不同实际情况，灵活地采取各种方式和方法。对于新手，可以使用“直线型”流程，即激发兴趣、学习语言和运用交际的顺序来学习。在某些情况下，这三个要素也可以采用“迂回型”的流程，即先激发兴趣，然后通过交际运用来巩固学习语言，最后再进一步提高语言水平。教师可以透过第一种“直线式”流程，明确地知道学生所需的资讯，并且自然地将必要的知识传授给学生。相比之下，第二种“迂回式”流程则较适合用于复习或总结方面的课程，因为它能够帮助教师避免不清楚学生知识漏洞的情况。在规划教学步骤时，我们应该考虑多种不同的方法，例如“混合式”“套用式”或“连环式”，具体选择方法应该取决于实际需要。处于教学实践中最前线的英语教师必须意识到，没有一种教学方法能适用于所有情况，不能固守一成不变的观念。在课堂上，教师需要充分考虑 ESA 三个因素的实现方法，因为教学过程中会遇到许多因素如学生的情况和反应、班级人数、上课时间安排和教材内容等。在应对这些变化因素时，教师应灵活地运用不同的方法，选择最有效的方式来教授，并根据自己的风格、经验和能力来进行相应的调整。要想掌握英语教学法，就必须把理论和实践结合起来。掌握英语教学的基本理论，然后不断摸索并总结适合自己的有效的教学方法。只有通过不断地实践积累经验，才能真正成为一名优秀的英语教师。

第二章　英语教学理论基础与方法流派

英语教学不仅与语言学科有联系，还与语言学相关学科和教育相关学科有关联。相关学科的理论和方法会被应用到英语教学当中，同时英语教学的不断发展也是以这些相关学科的理论和方法为基础的。本章主要从英语教学理论基础、英语教学方法流派两方面介绍了英语教学理论基础与方法流派。

第一节　英语教学理论基础

一、语言本质理论

（一）语言功能理论

英国的语言学家韩礼德（M.A.K.Halliday）是功能学派的标志性人物，他主要致力研究社会功能层面，并且他主张语言是不断变化的，语言的社会功能也会相应地对其本身产生一定的影响。这就有必要对语言的充分使用进行探究，才能将语言的全部功能及其构成意义的全部成分进行集中。[①] 下面将具体讲述韩礼德主张的语言功能分类。

1. 微观的功能

韩礼德认为微观的功能主要出现在儿童进行母语学习的初始阶段，并且包括七种功能，分别为：控制功能、表达个体的功能、想象功能、启发功能、工具功能、相关系功能、信息功能。

2. 宏观的功能

与微观的功能进行比较可以发现，宏观的功能相对更加复杂、更加丰富和抽

① 黄燕鹍．“互联网＋”背景下大学英语教学体系的反思与重建[M]．成都：电子科技大学出版社，2018：59—61．

象，并且宏观功能是儿童向成人语言过渡时产生的语言功能，主要分为以下两种功能。

（1）实用功能

该功能指儿童在学习语言的早期，由工具、相互关系和控制功能所延伸出来的功能，并且是儿童把语言作为做事的方式和手段的功能。

（2）理性功能

该功能衍生于儿童学习语言早期微观功能当中的启发功能，并且是儿童把学习知识和观察事物作为一种手段和途径的功能。

宏观的功能为儿童早期进行语言学习时的过渡功能，它与微观及纯理功能是延续的关系，这也在一定程度上显示出了人类语言的功能可以依据情况运用到各个场合，也在一定程度上显示出人们在使用语言进行交流的过程中，也要进行相应的语言创造才行。

3．纯理功能

韩礼德主张的纯理功能对语言学派有不可被忽视的影响，主要包括以下三个方面。

（1）人际功能方面

人际功能方面指的是语言所具有的表明、建立与维护社会关系方面的功能。运用这种功能，讲话的人能够在某种环境下讲出自己真实的想法、推断和态度，进行完整的表达，并在一定程度上对他人产生影响。

（2）篇章功能方面

篇章功能方面是指语言所具有的创造通顺的话语和连贯的篇章并且其十分契合题目的功能，韩礼德还认为语篇其实是具有一定功能的语言。

（3）概念功能方面

概念功能方面是指人们运用恰当的语言对自己亲身经历的事情和自身的感想进行概述的功能。也就是说，人们通过概念来对经验进行解码，从而达到对事物的表达及阐述这一目的。

韩礼德还主张，基本上每个句子都可以在一定程度上体现上述三种功能且通常以并存的形式存在。关于语言的本质，韩礼德的观点不仅为人类提供了新的角度，还有助于语言学界对语言的进一步理解和探究，也为后来产生的交际法教学流派提供了一定的理论依据。

（二）转换生成语法

20 世纪 50 年代，美国语言学界出现了一种全新的理论，即艾弗拉姆·诺姆·乔姆斯基（Avram Noam Chomsky）的转换生成语法，这一理论猛烈地冲击了当时在美国占主导地位的结构主义描写语言学，一场以乔姆斯基为代表的语言学革命就此掀起。

这场革命对语言学界影响之深、波及面之广都是前所未有的。乔姆斯基的理论不仅影响了语言学界，而且对认知心理学、二语习得理论、计算机科学都有重要的影响。①

转换生成语法是乔姆斯基的代表性理论。1957 年出版的《句法结构》一书标志着这一理论的诞生。乔姆斯基在半个世纪的时间里，一直在不断改进自己的理论，使之更具有解释性，符合经济的原则。概括地讲，乔姆斯基的转换生成语法有以下四个方面的特征。

第一，把语言定义为一套规则或者原理。

第二，专注语法研究。语言学家的研究对象应从语言转向语法，目标是开发一种具有生成能力的语法。这个语法能够捕捉到本族语言使用者所固有的知识。这涉及语言习得和语言普适性的议题。

第三，乔姆斯基和他的支持者对于揭示母语使用者默认知识的材料非常热衷，他们不经常使用那些以本族语言为基础的材料，而是相信自己的直觉。

第四，所采用的研究方法是“演绎—推理”。乔姆斯基使用这种方法来阐明关于语言结构的假设，即语言的普遍理论。这个理论被个别语言的语法所验证，而个别语法都是关于普遍语言的普遍理论的假设。

乔姆斯基指出，语言是一种具有规则性的行为，就像人类的其他行为一样受到规则的支配。人类根据语言规则，利用有限的基本语言单位，创造了没有数量限制的、复杂多样的语言句子，这就展现了语言的无限创造力②。学习语言并不是单纯地掌握某些特定的句子，而是学会应用语言规则来构建和理解新的句子，这

① 何广铿. 英语教学法教程 理论与实践[M]. 广州：暨南大学出版社，2011：72-73.

② 何广铿. 英语教学法教程 理论与实践[M]. 广州：暨南大学出版社，2011：73.

些句子可能是我们以前从未使用过或遇见过的。

乔姆斯基在研究语言中发现儿童学习母语有其独特的地方。他发现，虽然儿童接触的都是结构较为简单的语言，他们的生活条件也有差异，智力上也存在差别，但是他们一般到了五六岁，都能掌握母语。乔姆斯基认为，儿童能够在缺失刺激的环境下快速学会母语，是因为他们的大脑里自带了一个“语言习得器”，这个器官在发挥作用。据乔姆斯基所言，语言习得是一种天赋，儿童天生具备学习语言的能力，这种能力被称为“语言习得机制”。换而言之，乔姆斯基认为语言能力天生存在于儿童身上，无须人为教授即可自然而然地习得语言。乔姆斯基运用类比方法进行推理进而得出“普遍语法”。这种普遍语法是由乔姆斯基称为“原则”和“参数”的抽象系统组成的，普遍语法的原则说明语言有通用规律，而普遍语法参数的设定则导致了语言之间结构的不同。[①] 因而，各种语言之间的差异在某种程度上可以归因于参数的设定不同。小孩使用英语或汉语是由其所处的语言环境和接收到的语言输入来决定的。因为某一特定语言的输入能使习得者设置使用某一语言的参数。

尽管乔姆斯基提出普遍语法假说的目的是探讨儿童是如何习得母语的，但这个理论对二语习得也有重要的启示作用。

（三）言语行为理论

20 世纪 50 年代，约翰·朗肖·奥斯丁（John Longshaw Austin）建立了言语行为的相关理论。[②] 随后，来自美国的约翰·塞尔（J.R.Searle）又在其基础上进行了改进，并逐渐发展出一种用来解释人类语言与交际的理论，即言语行为理论。该理论不仅促进了语言教学的发展，还为意念大纲的产生和发展提供了宝贵的理论基础。在一般的语言教学与大纲设计当中，言语行为通常被叫作“功能”或“语言功能”。下面主要介绍奥斯丁和塞尔的言语行为理论。

1. 奥斯丁关于言语行为理论的观点

奥斯丁将话语分成了两个方面：一是表述句，二是施为句。除此之外，奥斯丁还以此为基础，提出了言语行为的“三分说理论”。

---

① 何广铿. 英语教学法教程 理论与实践[M]. 广州：暨南大学出版社，2011：72—73.

② 刘传清，肖劲松. 大学生语言能力训练指南[M]. 武汉：华中师范大学出版社，2012：5.

（1）表述句

表述句是指用于描写客观事物、报道客观事件、陈述客观事实的句子。关于表述句，能够进行验证，且有真假之分。如“Robert is lying in bed.”这句话，Robert 如果真躺在床上，就代表此句话为真，但是 Robert 没躺在床上，就代表此句话为假。

（2）施为句

施为句是指通过创造新事态来对世界进行改变的句子。关于施为句，是不能进行验证的，也就没有真假之分。如“I call the toy horse Spirit.”这句话，是没办法进行验证的，也不知道其真假。此句话的意义为将玩具马进行命名，也就是说，在一定程度上改变了客观的世界。

由此看来，上述两类句子最主要的区别是，前者是以言指事或以言叙事的，而后者则是以言行事或以言施事的。

（3）三分说理论

奥斯丁提出的三分说理论具体可以分为以下三个方面。

第一，以言指事的行为。该行为是指通过对发音器官的移动，发出相应的话语，从而按照一定的规则将这些话语排列成相应的词组或句子，一般代表意义上的行为。

第二，以言行事的行为。该行为是指根据说话的方式来实施相应的行为或进行做事，其具体表明的是说话人的意图。奥斯丁把该语言行为分成了五个方面，分别为评价行为、施权行为、承诺行为、伦理行为和表态行为。

第三，以言成事的行为。该行为通过言语的不同方式产生不同的效应，也就是指由说话所带来的一定的后果。在这里要特别表明的一点是，以言成事行为和以言取效行为都是指由说话导致的相应的结果，且不管结果怎样，都与说话人的意图没有关系。

2. 塞尔关于言语行为理论的观点

塞尔在奥斯丁的理论基础上进行了相应的改良，并提出了相应的间接言语行为理论。[①]下面将对其进行具体分析。

① 方瑞芬. 语言学研究现状及应用[J]. 池州学院学报，2011（11）：83-84.

（1）以言行事行为的分类

第一，承诺类。该分类指说话的人对未来即将要发生事情的行为所进行的不同程度的保证和承诺，承诺类以言行事行为的动词有 threaten，guarantee，promise，commit 等。

第二，表达类。该分类指说话的人具有的某种心理状态。表达类以言行事行为的动词有 apologize，welcome，regret，boast 等。

第三，断言类。该分类指说话的人针对某一事情所作出的判断和态度的表明。断言类以言行事行为的动词有 slate，remind，inform，claim 等。

第四，宣告类。该分类指说话的人所要表明的命题的相关内容和客观现实是相同的。宣告类以言行事行为的动词有 nominate，announce，declare，resign 等。

第五，指令类。该分类指说话的人指使或者命令别人去做相应的事情。指令类以言行事行为的动词有 invite，order，advise，suggest 等。

塞尔提出的重新分类的方法因其科学性和实用性，至今仍在运用。

（2）间接言语行为理论

间接的言语行为就是指采用对另一行为的实施的方法，从而达到间接实施言语行为目的的一种行为。如“Can you pass the bottle for me？”这句话，从言语行为方面来看，表面上看似是在询问，但其实是在表达“请求”，也就是说，在该句中，“请求”是借助“询问”的方式来间接实施的。塞尔还把间接言语行为分为以下两类。

第一，规约性间接言语行为。该行为一般基于对听话人的礼貌行为，并且依据说话人使用的句法形式可以推断出其相应的语意。

第二，非规约性间接言语行为。该行为一般相对复杂，并且一般都要依据交际双方的共识语言信息对当下的处境等情况作出合理的判断。

（四）交际能力理论

乔姆斯基在 1965 年出版的《句法理论面面观》中引入了“语言能力”和“语言运用”这两个概念用于语言学的研究。根据乔姆斯基的阐述，人们的“语言能力”指的是掌握一种语言的知识，而“语言运用”则是指在特定情境下实际运用这种语言的能力。对乔姆斯基的“语言能力”这个概念，语言学界有各种各样的反应。一些学者根据语言的社会交际功能，研究了语言使用者和语言使用的理论。

一个著名的美国社会语言学家名叫戴尔·海姆斯（Dell Hymes），他提出了“交际能力”这一概念，这是乔姆斯基理论的典型代表。此外，卡纳尔和斯温也对交际能力作过较为详细的论述。

1. 海姆斯的交际能力理论

据海姆斯所述，乔姆斯基的“语言能力”并非关注语言的运用和社交交际时恰当的语言应用。他的交际能力理论旨在研究社会生活中人们所真实拥有的语言能力。他将这种具体且全面的语言应用技能称作“交际能力”，用以区别于乔姆斯基理想中的“语言能力”。可以这样表述：乔姆斯基认为，理想的说话人在单一的言语共同体中，其听话人的语言能力主要由普遍语法和个别语法两个构成元素组成。这两者在一定程度上共同构成了理想的说话人的语言基础。因此，乔姆斯基的这种“语言能力”应当被认为是一项语法能力。海姆斯指出，本族语使用者的语言能力远远超过了乔姆斯基的“语言能力”。他相信，现实生活中具备交际能力不仅仅涉及语言规则的掌握，还包括了对于语言在社交场合中运用的规则的熟练掌握。

根据海姆斯的理论，若一人具备交际技巧，则应懂得何时、何地、以何种方式与何人交际，并明确该说哪些话题，以及不该说哪些话题。海姆斯认为，一个人的交际能力不仅仅是语法和语言方面的能力，还包括对心理、社会文化和使用概率的判断能力。因此，沟通技巧应该覆盖以下四个方面[①]。

第一，懂得句子的语法规则并能够构造符合规则的句子。

第二，能够评估语言形式的可行性。

第三，能够在社交场合中运用得当的语言表达。有些语句在语法和操作上都是合法的，但在特定语境下却不恰当。

第四，了解哪些话可以在实际情况下说出来。在口语交际中，虽然有一些语言形式在理论上是可行的、得体的，但在实际使用中却很少被人使用。

海姆斯提出的交际能力理论一经问世，即在语言学和应用语言学界引起强烈反响。它对制定英语教学目标有直接的影响。

2. 卡纳尔和斯温对交际能力的分析

在《第二语言教学和测试交际法的理论基础》一文中，卡纳尔和斯温探讨了

① 何广铿. 英语教学研究[M]. 广州：广东高等教育出版社，2002：11.

交际能力的构成。根据他们的论断，交际能力包含以下四个方面的技能。

（1）语法能力。

语法能力指的是对语音、词汇和语法等方面知识的掌握和运用能力，这也可以从乔姆斯基所述的“语言能力”或海姆斯所谓的“形式上的可能性”上得出。

（2）语篇能力。

这种能力描述的是在特定的环境下，能够理解句子之间的逻辑关系和句子所表达的意思，并能够将它们组合成一篇连贯的文章的能力。例如，“他同意到此品尝美食”这句话，可以在不同的语境或上下文中表达不同的意义。它可以是以言述事——用句子来叙述事实，也可以是以言做事——做出一次允诺，也可以是以言成事——使听话人感到高兴。

（3）社会语言能力。

社会语言能力是指一个人在特定的社会环境中适当地运用语言的能力。换句话来说，这种能力可以被定义为在多样社会环境下能够使用不同的语体和言语，以达到多样交际目的的技能。众所周知，人们在不同的情境下往往呈现出特定的社会身份。当英语教师在学校里授课时，他所使用的语言会和在与同事交谈时使用的语言略有不同；与子女交流时，使用的语言方式通常不同于与父母交流时的方式。这些不同的语言形式基于这位教师的不同身份和各种具体情况在不同的场合下产生。这种现象可以归因于在不同的社会背景下运用不同的语言风格。

（4）策略能力。

补偿能力也叫策略能力，指的是一种通过语言或非语言手段达成交际目的的能力，也就是在交际中巧妙地运用开场白、承接、转换话题及结束谈话等技巧的能力。卡纳尔和斯温对交际能力的分析对于后来的语言研究和英语教学产生了深远的影响。按照他们的观点，由于交际能力是由上述四种能力组成的，所以语言教学应当着重培养这四种基本能力。

二、语言学习理论

（一）行为主义学习理论

行为主义学习理论主要来自伊万·彼得罗维奇·巴甫洛夫的条件反射理论，

受“条件反射”概念的启发和影响，人们开始从实验角度和理论角度对儿童的语言学习过程进行具体的分析和探讨。经过探究发现，儿童的语言学习过程实际上就是在不断地进行“刺激—反应”。这一研究的主要代表人物如下。

1. 行为主义学习理论的代表人物

（1）华生

在20世纪初期，约翰·华生（John Broodus Watson）建立了行为主义学习的理论，标志着这一理论的产生。华生认为行为主义是指可以通过一些客观方法的运用而进行的直接观察的行为。他还认为，人与动物所产生的所有复杂的行为都是受一定环境影响的，并逐渐通过学习而获得，并且受到“刺激”与“反应”这共同因素的作用。基于此，他便提出了“刺激—反应”公式。

（2）斯金纳

伯尔赫斯·弗雷德里克·斯金纳（Burrhus Frederic Skinner）将自己的理论建立在华生之上，进行了进一步的继承和拓展，并且在于1957年发表的《言语行为》一书中提到了一系列行为主义对言语行为系统的看法。该书的出版还确立了行为主义在语言教学理论中的主导地位。

斯金纳认为人们的一些言语或言语的一部分都是由某种刺激所产生的相应的结果，而刺激又包括三个方面，即言语刺激、外部刺激和内部刺激。通过反复刺激这一动作不仅能够强化学习的效果，还能在一定程度上教会人们使用合适的语言形式。由此可见，重复刺激在学习过程中的地位举足轻重。

行为主义学习的理论在美国盛行了五十多年，以至在如今的教育机制中仍旧地位突出。所以，教师可以采用一些干预活动来指导学生的行为，从而在一定程度上帮助学生掌握学习知识、发展语言的有关技能。除此之外，不时地为学生提供有关接触语言的材料也是行为学习理论的表现之一。

2. 行为主义学习理论的指导意义

行为主义学习理论对于当前的教学也起着重要作用。例如，在行为主义学习理论的指导下，学习者为了获得表扬往往会继续某种行为，或学习者为了避免惩罚往往会终止某种行为，这些都是行为主义学习理论在学习中的典型表现。对于英语教学而言，行为主义学习理论有着重要的指导意义。具体而言，主要体现在如下四点。

第一，即时反应。反应必须出现在刺激之后，如果两者相隔时间太长，那么反应就会被淡化。

第二，重视重复。重复练习能够进一步加强学习者的记忆，使行为发生比较持久的变化。

第三，注意反馈。教师应该及时给出反馈，让学习者清楚地知道反应是否正确。

第四，逐步减少提示。在减少提示的情况下，教师应引导学习者顺利完成既定任务。

总之，行为主义学习理论促进了视听教学、程序教学及早期计算机辅助教学的发展。但是，行为主义学习理论也存在一些缺点和不足：它是对人类学习的内在心理机制的完全否定，将动物实验的结果直接生搬硬套到人类学习上而忽视了人类的主观能动作用，从而走向了环境决定论和机械主义的错误方向。

（二）认知主义学习理论

在 20 世纪上半叶，行为主义学派的学习理论是主流，但是行为主义把所有思维看成“刺激—反应”，在一定程度上忽视了人的意识问题，所以越来越多的学者对其产生了意见和不满。在这样的背景之下，认知主义学习理论逐渐发展。它强调学习是对情境的一定领悟和认知而逐渐形成的认知结构，并且主张研究学习的内部条件和内部过程两个方面的内容。其代表性的观点如下。

1. 沃尔夫冈 · 柯勒——顿悟说

沃尔夫冈・苛勒（Wolfgang Kohler）是德国著名的心理学家，也是格式塔心理学派的先驱。格式塔具体指的是被分离的整体或一些组织结构。该理论主张在学习语言的过程中，要想解决一定的问题，首先就要对情境中事物之间的联系进行准确的理解，只有这样才能构成完形，实现语言的学习这一目标。[①] 他还在格式塔理论的基础上提出了“顿悟说”，该学说主要分为以下两个观点。

第一，学习并不是“刺激—反应”这一活动的简单连接，而是有一定目的并通过主动了解或顿悟而逐渐组成的完形。

---

① 卢昕，马春线，宋凯．高校英语教学的基础理论与应用研究[M]．北京：九州出版社，2017：25.

第二，学习并不是由不断尝试错误并进行总结而实现的，而是通过顿悟实现的。

2. 让·皮亚杰——发生认识论

瑞士著名心理学家让·皮亚杰（Jean Piaget），主张以发生认识论为核心，研究的内容都是有关人类的认识的，包括概念、语言、认识发展等多个方面。在他看来，每个人都能追溯到童年时期，甚至胚胎时期。值得研究的相关问题还有“人在出生之后是怎样形成认识和发展思维的”“这些思维的产生都受什么因素的影响和制约”“不同年龄和水平的智力差别”等。所以，皮亚杰把自己的研究重点放在了认知发展的阶段性方面和认知发展的机制方面。他把无法进行探测的大脑进行活动的过程统一抽象成能够直接进行观察的心理模型，并运用一些客观方法对人类的高级认知活动和复杂认知活动进行探究，从而在一定程度上促进了人们对自身的进一步了解和认识。

3. 杰罗姆·布鲁纳——发现学习理论

杰罗姆·布鲁纳（Jerome Seymour Bruner）的发现学习理论观点认为，学习的本质在于主动形成认知结构，该结构还能够用来感知与概括新事物的一般方式。认知结构实际上是建立在一定的经验基础上的，通过不断地改变，从而逐渐学习新知识。他将学习分成了三个过程：一是知识的获得，二是知识的转换，三是知识的评价。学习任何一门学科都要学习一系列的新知识，因此每种知识的学习都要经过知识的获得、知识的转换和知识的评价这三个过程。所以，发现学习在某种程度上来讲是最好的学习方式。

发现学习的中心是学生，教师通过开展一系列激发学生学习兴趣和动机的活动，引导学生进行观察、分析和归纳，从而逐渐培养学生独立分析问题与解决问题的能力。该理论的提出是布鲁纳结合学习论和教育论作出的巨大贡献。

4. 奥苏贝尔——认知—同化学习理论

美国认知教育心理学家戴维·保罗·奥苏贝尔（David Pawl Ausubel）在总结前人的理论之后将学习分为以下两个维度。[①]

---

① 卢昕，马春线，宋凯. 高校英语教学的基础理论与应用研究[M]. 北京：九州出版社，2017：26.

（1）以学习方式进行划分

按照此种划分标准，学习可分为以下两种类型。

第一，接受学习。接受学习指通过定论的形式将要学习的内容传授给学生。

第二，发现学习。与接受学习相比，发现学习并不是将要学习的内容直接呈现给学生，而是通过安排学生进行一系列活动，从而逐渐发现这些内容，再逐渐内化到学生的认知结构当中。

（2）以学习资料和学习者知识结构的关系进行划分

按照此种划分标准，学习可分为以下两种类型。

第一，机械学习。机械学习的意思是学生并没有对所学知识进行透彻的理解，而是仅仅机械地记住了部分符号的词句或组合形式。

第二，意义学习。意义学习的意思是把符号代表的对应的新知识和学生已有的观念相结合，建立一种非人为的、实质性的联系。

上述两种维度的结合能够对学习进行再度划分，分为四种类型：有意义地接受学习、有意义地发现学习、机械地接受学习、机械地发现学习。奥苏贝尔还认为有意义地接受学习能够在相对较短的时间里让学生获得大量的系统知识，是进行教学的第一目标。他还认为相对有意义的学习过程其实就是原来的观念对新的观念逐渐同化的过程，且该过程主要有以下三种方式。

第一，总括学习。总括学习又叫作“上位学习”，意思就是在已具备的部分从属观念的基础之上总结归纳出一个观念或观点。

第二，类属学习。类属学习又叫作“下位学习”，意思就是将从属观念与总的观念进行结合，从而建立一定的联系。

第三，并列结合学习。这种学习是指在学习的过程中，前面所学的知识和现在所学的新知识在某种程度上是相通的，所以可以借助之前的知识来获得新的知识。

但还有一点需要在学习中注意，虽然学习结束了，但是同化的过程还在继续，因此在之后必须要对知识进行再整合和重组，只有这样知识才能够掌握得更加牢固。

（三）人本主义学习理论

人本主义心理学是在批判行为主义心理学和精神分析心理学的基础上发展起

来的，被称作“心理学的第三种势力”。它兴起于20世纪60年代，代表人物有美国心理学家亚伯拉罕·马斯洛（Abraham H.Maslow）和卡尔·兰塞姆·罗杰斯（Carl Ranson Rogers）。

人本主义注重人的独特性、自由、理性、发展潜能，认为人的行为主要受自我意识的支配，要想充分了解人的行为，就必须考虑到每个人都有一种指向个人成长的基本需要。

1. 人本主义学习理论的基本观点

（1）需要层次理论

马斯洛提出的需要层次理论是动机理论的核心，他认为人类行为的驱动力是人的一种需要。

马斯洛将人的需要分为生理需要、安全需要、归属与爱的需要、尊重的需要和自我实现的需要。这些需要之间存在一种由低到高的等级递进关系，只有低级的需要被满足后，才能进一步满足更高级的需要，其中生理需要是最基本、最低级的需要。自我实现是指人天生具有一种潜能，只有充分发挥自己的潜能，最大限度地发展自我，才能获得持续的满足感。①

这些需要可以归纳为以下两类：第一类是缺失需要，为人与动物所共有，包括生理需要、安全需要、归属与爱的需要；第二类是生长需要，为人类所特有，包括尊重的需要和自我实现的需要。只有满足了个体的第二类需求，才能使其达到心理自由状态，实现个人价值，体会深刻的幸福感。

在英语学习中，学生是否能达到教师所要求的水平并不重要，重要的是他们思考着、创造着并且积极地体验着学习活动的全过程。只要满足了自我实现的需要，学习自然就成为他们生活当中必需的活动之一。

人本主义学习理论认为人的成长和学习动力主要来自自我实现的需要，这种满足感使学生产生学习的动力，而不断学习又能使他们获得更大的满足感，学习就是在这样的循环中不断进行的。

（2）非指导性教学理论

罗杰斯将心理咨询中的方法应用到英语教学中，从而提出了非指导性教学理论。他主张教学应以学生为中心，将学生的自我意识作为教学的核心要求。

---

① 李国金．大学英语教学基础理论及改革探索[M]．北京：北京理工大学出版社，2018：22.

所有的教学活动都必须考虑到学生自身的需求和要求。自主学习是非指导性教学的核心，其目的是推动学习者充分发挥自身潜能，实现自我价值。而自我实现需要进行“意义学习”。所谓“意义学习”指的是一种能够显著改变个体行为、态度和个性的学习方式。这种学习方法的关键在于发掘学习者内在的学习潜能，促进右脑情感方面的全面发展，从而培养具有认知与情感相协调的完整人格。学习的动力源自学生内在，贯穿于整个学习过程中，学生需要自我反思、体验和评价自己来加强意义学习。①

在和睦的学习环境中，发现自我、展示自我和实现自我。罗杰斯认为教师应该扮演“促进者”的角色，因此需要在以下五个方面发挥作用：第一，帮助学生识别和明确问题；第二，支持学生整理资料，并为他们提供更多样的学习体验；第三，为学生提供灵活的资源服务；第四，以小组成员身份积极参与活动；第五，积极地与小组成员分享个人的情感体验。

2. 人本主义学习理论的指导意义

英语教学本身具有特殊性，因此在英语教学的过程中，教师要始终以学生为中心，贯彻人本主义思想。正如罗杰斯所说，促进学生学习的关键并不在于教师的专业知识、教学技巧、演示与讲解、课程计划、视听辅导教材等，而在于特定的心理因素，且其存在于教师与学生之间。在教学过程中，教师个人的感召力、性格、素质等都会对教学产生一定的影响，而这些往往在设备和技术上不会被体现出来。这就要求教师在利用计算机的基础上发挥个人的潜力和优势，不断提升自己的知识水平和个人素质，不能仅仅满足于对计算机的熟练操作，还要努力通过网络与学生建立有效的联系，这样才能使自己不成为网络的“奴隶”。

此外，基于人本主义学习理论，教师应该将意义学习与过程学习相结合，既让学生在做中学习，又让学生学会如何学习，这有利于学生在学习过程中处理好“学”与“做”的关系及学生与教师的关系，让学生的学习更为有趣。

（四）建构主义学习理论

20 世纪 90 年代，一个新的理论在美国诞生——建构主义，它是对多个学科进行综合而发展起来的一个学科，它的理论体系很多，非常烦琐。所以说不同的

---

① 方芳. 改革视域下的大学英语教育新探索[M]. 长春：吉林大学出版社，2019：53.

研究者有不同的学科理论，这也导致建构主义的理论与众不同。然而，他们的认同知识的获取不是被动接受的，而是认知主体进行积极主动的建构的结果。因此，这一观点也被所有的建构主义研究者叫作“建构主义的第一信条”。

1. 建构主义学习思想

建构主义的影响是非常广泛和深刻的，而且它的定义也很难被具体化，它的思想的进化也是一个曲折的过程。建构主义思想最初始于18世纪，学者代表是意大利的维柯（Giovanni Battista Vico）和德国的哲学家伊曼努尔·康德，而皮亚杰、维果茨基被广泛认为是现代建构主义学习理论研究的先驱者。

在研究建构主义学习思想时，有一位倡导者被视为先驱，那就是苏联的心理学家维果茨基。他提出了“文化历史发展理论”，这一理论指出了学习者在认知的过程中社会文化历史背景所起到的关键作用，还在其基础上发明了新的理论，即“最近发展区”。通过上面的理论，维果茨基指出，个体的学习过程离不开特定的历史背景和社会文化，而且在个体学习的过程中，社会发挥非常重要的积极作用。维果茨基将个体的发展水平分为两种，一种是现实的，另一种是潜在的。前一种是指个体通过自己的活动能够达到的水平，后一种是指个体不能独立完成，通过他人的帮助达到的水平。“最近发展区”不属于这两种的任意一种，而是处于两者之间的区域。维果茨基属于社会文化历史学派，他们这个学派还对“活动”与“社会交往”和人的高级心理机能的发展之间的作用关系进行研究。他们的研究都给建构主义理论添砖加瓦，使其更加丰富，同时，也为这一理论应用于教学提供了条件。

2. 建构主义学习主张

（1）建构主义知识观

第一，知识是不断进行发展和演化的。建构主义指出，知识并不能表现出某一问题的最终结果或是标准的答案，也不能客观地反映现实的各种现象，只是人们对于现实世界的一种假设或解释，而且在这一过程中要借助符号系统的作用。

第二，知识是存在于主体内部的。这一理论认为知识不会存在于个体的外部，只能以实体的形式存在于主体的内部。虽然人们通过语言符号的形式使知识有了外在表现的样式，但是这也不能说明不同学生对于相同的知识的理解是一样的。

因为不同的学生之间有不同的经验和背景，而且不同的学习过程对于知识的理解也会有影响。

第三，知识是没有绝对而且不存在终极真理的。知识只是通过个人的经验将其进行合理化，而不能对世界的真理进行说明。知识也不能解释世界上任何问题的解决办法，因为知识是个体在自己的主观意识上进行建构的。因此，在对问题进行解决时，要根据问题所处的环境进行具体分析，而不是将知识转移过去。

第四，生存的目的就是掌握知识。掌握知识最根本的目的不是对世界中存在的真理进行研究和分析，而是解决最根本的生存问题。建构主义的知识大部分针对的是学科知识，而且是对学科知识的理解和认识，要求必须都具备一定的用处。科学的知识等同于建构的知识，必须从一定相关的关系、兴趣及问题的立场上对其进行验证，还要对它的生存力和可操作性进行验证。如果在验证过程中，能够发现其在各种各样的语境中都存在合适的知识，并且是有用的，那么它就具有了生存力，并且会被应用。

（2）建构主义学习观

建构主义学习观认为，学生的学习是基于既有的认知结构与新的感觉信息之间的相互作用，通过反复相互作用旧知识与新经验，主动加工和处理外部信息的过程。换言之，学生是在分析和重构知识的过程中进行学习的。

学习过程中的建构包括两个层面：一方面是通过借鉴现有的经验来构建新知识的含义；另一个方面是将现有的经验进行改变和重新组合。

合作学习是建构主义所推崇的学习方式。因为每个个体意义建构的方式或角度都是独特的，只有彼此间相互合作才能弥补个人对知识理解的不足，减少理解的偏差。建构主义学习环境的四要素包括情境、协作、会话和意义建构。情境是学生进行学习活动的社会文化环境；协作是学生与学生之间、学生与教师之间或学生与网络交流者之间进行合作学习；会话是在协作过程中，通过多种方式的信息交流，实现信息共享。学习的终极目标是构建意义。

第一，学习的实质。学习是认知结构改变的过程。建构主义者指出，对学生的认知结构进行改变的方式就是同化和顺应。人的认知水平的发展就是这样一个结构变化的过程，即同化与顺应循环往复，平衡与不平衡相互交替。所以，建构主义认为学习的过程不是对信息进行积累，而是在学习的过程中，新的知识和旧的知识经验发生冲突，并在这个过程中学生对自己的认知结构进行改变。

学习是主体建构的自组织循环系统。就整体而言，学习就是一个循环的过程，而且是封闭性的，没有起点和终点可言。因此，建构主义者指出，思维和学习是通过已有的结构规定的，而不是由外部决定的。建构主义者埃尔弗里达·希伯特(Elfrieda H.Hiebert)提出，学习的整个过程应该是“兴趣—知识—记忆—情感—感知—反省—行动—平衡—摄动—重建—迁移—兴趣”。

学习是个体主动建构自己知识的过程。建构主义者指出，教师的教学过程不只是把知识直接教授给学生，而是让学生自己对知识进行建构，所以，学习是一个积极的建构过程。学习是新旧知识经验之间双向的相互作用过程，而不是简单的信息输入、存储和提取。学生是这个认知的主要构成部分，学习就是个体对现实世界进行建构和理解的一个过程，而且，理解的过程就是对于事物进行意义赋予的过程，这也就表明，学生一定要切合自己的知识经验来对所建构的对象进行解释。

第二，影响学习的因素。

影响学习的因素主要包括四方面的内容：一是先前经验。学生在学习的过程中，脑海中要对即将学习的知识进行了解，或是对其有一个大概的印象。二是协作与对话。建构主义者将合作学习与协作、对话相结合，利用合作学习这一平台进行协商对话。学习共同体之间的协商对话就是学习。三是真实情境。建构主义者指出，在意义建构中，“情境”会起到很重要的作用，在学习的过程中学生会和情境产生非常密切的联系。而且他们还指出，学习只有在特定的情境中才能够完成，而且知识也只有处在这种情境中才能展示其意义。所以，在教学中，要使学生始终处在一定情境中，在这种情境中完成真实存在的任务，并且获取经验，建构知识，从而使学生学会运用知识。四是情感。建构主义认为，情感对认识和学习的影响包括以下五个方面。一是情感会对意志起到很重要的作用，有积极的也有消极的。如果是积极的就会使人对知识产生浓厚的兴趣，如果是消极的就会影响人们的认识能力。二是情感在人的认识方面也会产生影响，主要表现在指向性和选择性上，情感在人们学习的过程中，会影响人们选择什么样的认识对象，并且具有侧重点。三是情感在上下波动时会对认识的状态造成一定的影响。四是在评价中，应该和学习环境相结合，同时发挥学生的作用。评价的主要目的就是发现教学过程中不利于教学目标的部分，从而进行调整和整合。五是对错误和失败进行反省。建构主义认为，在学生有效学习和理解的过程中，出现错误及对错误进行反省是不可缺少的环节。一个人只有在学习了正确的答案并且能够成功地避免再出现各种错误时，他才能真正理解一种答案。因此，在建构主义者看来，如果出现错误，学生可以在一起进行讨论，发现问题的根源，并对其进行改正。

第三，建构主义学习理论的指导意义。建构主义学习理论对英语教学有着重要的指导意义，具体表现为如下三点。一是强调学生之间的交流与合作，主张学生在互动时应该主动学习目的语。从这一意义上说，互动是语言运用的前提与基础。二是强调语言学习与学生的社会经历之间密切的关系，并认为将两者结合有助于推动学生更好地掌握英语这门语言。三是主张学生与教师之间展开互动，强调教材对学生的意义。这在一定程度上改变了教材的编写形式，也转变了教师在课堂上的角色，并对教学设计提出了更高层次的要求。

在建构主义学习理论指导下的教学设计除了将教学目的涵盖在内，还需要将学生建构意义时的情境也考虑进去。也就是说，教师需要将创设情境视为教学的一项内容。

（3）建构主义教学观

第一，教学目标。建构主义的教学目标有其侧重点，主要侧重于以下三个方面。一是在教学中，注重“理解的认知过程”和起到作用的“意义建构”，并将它们作为中心目标。建构主义强调，如果学生是一个认知者，那么他在感知过程中所做的就是将建构的作用有用化。因此，在教学中，其基础的目标就是对这种建构的过程给予认可和支持。二是在教学目标中加入专业化知识。客观真理在建构主义的认识理论中是不存在的，但这也不能说明建构主义不承认客观真理的存在，在教学目标中将其拒之门外。建构主义提倡在教学的过程中，也要设计某种学科的专业知识，但是在激进建构主义看来，学科知识是某个科学家的论述，并不一定正确。三是将社会化和文化适应纳入教学目标的行列。社会文化共同体中的儿童或青少年的发展都离不开社会化和文化适应，并且成为现代教育的一种教学目标。在建构主义理论中，他们指出，社会化和文化适应能够使人们产生的思维和行动和其他人有一样的地方，而要实现这种相同，就要学习。

第二，教学活动。在建构主义者看来，良好的教学活动，应体现出以下两个特点。一是教学环境应该多样化。这种多样化的教学环境可以使得联系多元化，能够使学生在这一过程中将新的知识和原来所学的知识相结合，从而获得更深刻的理解。二是通过开展多样化的教学活动，使得学生能够在这种学习环境中进行自我建构，并且完成经验的积累和知识的建构。如果学生在这一教学活动中主动对空间进行利用，并且自觉地意识到学习的重要性，那么就可以说这次的学习活动成功了。三是能够给学生提供一个使其进行自我发挥的环境。因此，教师不能只根据自己的意愿来组织教学活动，而是根据学生的认知结构、观念及相关经验来进行建构。建构主义教学活动具有以下显著特征：使学生之间的对话增多，不直接将问题的答案讲授给学生；在实施教学活动的过程中，鼓励学生对一些错误和矛盾进行论述，并对真理提出疑问。四是整个教学过程要使学生一直在“最近开发区”。教师在组织教学活动时要结合学生的当前情况，并及时解决问题。

第三，教学过程。学生通过教师的帮助，能够自主地对相关知识进行建构。这个过程是在学生个体的内部进行的。这个过程要依靠学生的学习态度和兴趣，并与新的经验进行结合。所以，教师在这一过程中，要以学生当前所拥有的知识、态度和兴趣为基础，使学生在教学过程中获得经验，并对自己当前的知识进行建构。

第四，用建构主义看待教师及其专业发展。不要将某种主义、某种教学法强加给教师，而是应通过各种途径了解教师现阶段所处的真实环境等，要根据他们的各种要求开展相关的培训工作。教师在教学过程中可以对自己的教学方法或教学过程进行记录，然后再进行相关的讨论，从而对自己在教学过程中出现的问题进行反思。

三、教育相关学习理论

（一）教育经济学

1. 教育经济学的概念

在 20 世纪 60 年代，教育经济学成为一门独立的学科。教育经济学作为独立学科，专注于独特的研究对象、研究问题、研究领域。尽管有人提出了教育经济学的定义和研究对象等内容，但仍然存在很多争议，毕竟这是一门新兴的学科。

根据西方教育经济学家的观点，教育经济学主要研究教育的投资收益，其中包括个人和社会的收益，以及教育对经济增长和发展的贡献。教育经济学是一个相对较新的领域，它从经济的角度研究教育，关注的是教育的经济效益，这一关注点对于发展中国家来说尤为重要。苏联的教育经济学家则强调，教育经济学主要关注社会主义经济规律在教育领域的独特应用。我国教育经济学家概括自己的研究范围比较广泛，他们认为教育经济学主要探讨教育与经济之间的相互作用，以及在教育领域内出现的经济现象和规律等方面。例如，我国学者李星云认为教育经济学是一门科学，研究由教育活动引发的经济现象、经济关系、经济活动，并揭示其中的客观规律，以便指导人们更好地分配教育资源，提高教育效率，并且还认为它是介于经济学、教育学之间的交叉学科。

由于教育经济学的应用性很强，同时，由于不同国家和地区的教育经济学学者拥有不同的学术背景，因此各国关注的相关问题和研究的侧重点也各有不同。关于教育经济学研究对象的表述也不尽相同。尽管各国学者对于教育经济学的研究对象有不同的表述，不过，这些描述都是基于各国在当时的教育经济学研究结果而概括出来的。另外，教育经济学是一门新兴的学科，其研究领域在不断地扩展，其研究对象也必然要经历一个从混沌到清晰、从片面到全面的发展过程。所以，由于在不同的时期学者对教育经济学的研究对象的总结和归纳也有所不同，所以研究对象也会随之变化。至今为止，西方教育经济学主要探讨了以下四个方面的问题：估算教育对经济增长的贡献；预估个人投入教育的成本、回报和收益率；探究教育和收入分配、再分配及劳动力市场变动之间的关系，探究如何预测未来的劳动力供求；研究如何最大限度地提高教育投资的经济效益，确保有效分配和使用教育经费等问题。

据我国学者林荣日所言，教育经济学的研究领域应涵盖以下六个方面：深入探究支撑教育经济学的基本理论；探究教育和经济之间的具体联系；研究教育的成本问题；研究教育的支出问题；探究教育的回报性；其他相关议题，如教育体制、教育规划、教育经费及与教师有关的问题等。[①]我国学者通过对教育在我国社会主义经济增长和发展中的作用进行广泛的研究，大家达成了比较一致的共识。根据他们的看法，经济发展需要教育部门向市场提供大量技术和文化水平较高的

① 林荣日．教育经济学 第2版[M]．上海：复旦大学出版社，2008：21—30．

劳动力。教育事业的进步与国家实力紧密相关，随着经济水平的提高，可投入于教育的资源也随之增加，进而促进教育的繁荣和进步。只有经济持续增长并带来财政收入的增加，才有可能实现教育经费的逐年增加，包括绝对量和在财政支出中的比例。

2. 教育经济学对我国英语教学的启示

研究教育经济学对我国英语教学的启示就是要回答这样的问题，即在我们的教育课程中开设英语课程会从哪些方面受益。

我国的英语教育发展走过了不平坦的道路。就目前来看，从培养人才的角度来考虑，我们需要按英语课程改革的要求来开设英语课，之所以这样做，原因就在于 21 世纪人的生存与发展的基本技能为母语、一门外语和计算机的操作能力。国际上绝大部分的学术论文都是用英语发表或宣读的，英语是国际互联网的主要应用语言。因此，从学术交流和经济发展的需要来考虑，我们也有必要开设英语课。此外，开设英语课程还可以从其他方面受益，例如，学习英语有助于促进学生的全面发展，有利于学生良好的性格、品格、意志和交往合作精神的发展。

从经济角度考虑教育，就是要从宏观上把握外语开设的效益，同时还要从微观上对必要的费用和效益进行评估。从微观上进行评估需要考虑一些问题：教师培训费用；管理人员及非专业助手的费用，如操本族语言的助手和语言实验室的技工等；教材及其他资源费用；教学场地等的费用；教学时间；班级人数。

以上这些都是从经济角度去考虑英语课程的开设问题的，由此可见，教育经济学会为我国的英语课程开设提供不少启示。

（二）教育心理学

教育心理学注重研究教育主体的心理活动，包括学生的心理活动规律及其对课堂教学效果的影响，教学环节和教学效果之间的关系受知识学习特点、思想发展规律、个性影响，等等。

教育心理学是心理学的一个分支，它与外语学习中的基础知识教学、学习过程中的动机激发、学生口语能力的形成和提高等有着密切的联系。将教育心理学纳入英语教学的实施过程，是促进英语教学完善和发展的必经之路。英语教师掌握了学生学习英语的心理体验和学习规律可以在很大程度上提高教学效率。

（三）英语教育技术学

在信息技术高度发达的今天，英语教学引入信息技术已经成为大势所趋，逐渐成为一种新的教育方式。信息技术起源于国外，它与外语教育的共生性、本体性及封闭性共同构建了两个学科相互整合的逻辑基础。

英语教育技术应用于英语教学实践，在教学过程中以信息技术为教育开展的手段，将教育学、心理学等作为积极的教学指导理论，为了实现教育目标和英语教学目标，对教学过程和教学资源进行创造性的管理，并着重提高英语教师的信息技术素质和学生的信息技术素质，最终实现外语学习效果的提高。英语教育技术学研究的是英语教育技术，涉及英语教育技术的相关观念，原理等构成部分，探索并且反映英语教育技术规律性和逻辑性，具有很强的综合性和应用性。

英语教育技术学转变了英语教学的范式，集英语教育学科构成要素和技术学科表现要素于一体，并构成了基本的学科框架体系。英语教育技术学是一门新兴的学科，采用的是交叉研究的方法，将包括教育学、信息技术学、语言学等在内的学科进行科学的融合和相互渗透，并且进行进一步的整合，是对传统语言教育的变革和发展。

在英语教育技术学实施过程中，学生需要提前观看教师准备的教学资料或者在网上搜索相关的教学视频，之后在课堂上就自己不懂的问题请教教师，加深自己对相关知识和概念的理解，然后通过合作学习等方式共同完成教师布置的作业和任务，教师要在课堂上为学生提供随时的帮助和引导。与传统的课堂教学方式相比，英语教育技术学模式无疑是一种创新型的教学模式。在这种模式中，教学目标的策划、教学计划的制定和实施、相关教材的选择和编写、教学模式的选择、教学评价的实施等教学过程中涉及的所有环节都可以利用信息技术、利用相关的科学工具。

目前英语教学的重点在于将高科技与传统的教学模式相整合以提高教学质量。所以，将计算机引入英语课堂教学，将网络信息技术应用到课堂教学实践中，是当前英语教学改革的重点之一。这样的模式将实现精品教育资源的共享，实现课程建设的革新，是推动英语教学的积极尝试。

第二节　英语教学方法流派

一、教学方法及英语教学法概述

（一）教学方法概述

1. 教学方法的内涵

教学方法必须结合学生实际，以达到既定的教学目标和任务。运用一定的教学方式和教学手段而形成的“教”与“学”的活动途径和步骤。

由于受不同的时代、社会背景和文化氛围的影响，以及研究者对问题研究的角度不同，导致不同的中外教学理论研究者对“教学方法”这一概念的解释存在差异。国内外学者对教学方法的定义有所不同，归纳起来大致有三个角度。

第一，从广义或宏观的角度，把教学方法看作教学活动方式的总和。在教学过程中，教师和学生会一起采用特定的方法、步骤、手段和技术，以达成教学目的，这就是教学方法。

第二，从行为动作的角度，把教学方法看作教师和学生的行为方式或工作方式。任何教学方法都是教师的一整套有目的的动作，教师通过这些动作组织学生进行认识活动和实践活动，使学生掌握教学内容，从而达到教学目的。

第三，从媒体或材料应用的角度，将教学方法视为使用媒介进行教学的方法。如教学方法是教师为达到教学目的而组织和使用教学技术、教材、教具和教学辅助材料，以促进学生按照要求进行学习的方法。

2. 教学方法的特征

教学方法是指在教学过程中，为了达到教学目标和任务，教师与学生所采用的各种行为方式的综合体。

教学方法的内在本质特点：教学方法反映了特定的教育和教学理念，旨在实现特定的教学目标；教学方法必须根据具体的教学内容来选择；具体的教学组织形式对教学方法产生着影响和限制。

在教学实践活动中，每一种课型、每一类问题都有其自身的特点。教师在教学实践中，都不同程度地积累了自己富有实效的应对方法。这些方法也许是学来的，也许是自己创造的，但都有一个共同的优势，那就是适合自己。选择什么样的教学方法要看它是否适合眼前的学生，是否符合新的教材和大纲要求，其他年级、其班级的学生、教师等能否应用，不能用又将如何修改、调整，这些也必须考虑进去。

为了不断适应新的社会环境和新的教育观念，为了使各学科知识体系不断更新，教学条件不断改善，教学方法也必须有新的发展。在教学实践中，在充分吸取原有教学经验的基础上，我国教学方法改革在教学实践中取得了突出成果。这些新方法有一个共同的特点，就是充分调动学生的学习积极性，激发学生的学习兴趣和求知欲，强调教学应该教学生如何学，才能促进学生个性的发展。

3. 教学方法的理解

（1）从方法论角度理解

教学方法是用来实现教学目标的具体方式，属于教学方法论的一个方面。教学方法论包括指导思想、基本方法、具体方法和教学方式四个方面，它们将整个教学过程贯穿起来。教学方法是指教师在课堂上所采用的教授方式，同时也包括学生在学习过程中所运用的学习技巧和方式，两者相辅相成，共同构成了教学的核心。如果教授法不考虑学习法，那么就难以有效地达成预期目标，因为缺少针对性和实用性。教师在教学过程中发挥主要作用，因为他们能够熟练地运用教授法和学习法，所以教授法和学习法在教学中占据了主导地位。

（2）从与教学方法密切相关的概念理解

教学方式和教学手段是构成教学方法的要素，不能将它们等同于教学方法也不可将教学模式与教学方法混为一谈，一种教学模式是由多种教学方法组成的。教学方法必须依据一定的教学理论，指向一定的目标，应用具体可操作的程序或一系列可操作的环节以解决一定的问题。

虽然教学方法与教学方式不同，但它们之间是密不可分的。教学方式作为教学方法的组成部分，是运用不同技巧和方法实现教学的具体细节。在教学方法方面，无论哪种方法都包含了多种不同的教学方式，这些方式结合在一起构成了整个教学方法。教学方式和教学方法是有区别的。教学方法是针对特定目标的一系列有目的的活动，可以独立完成教学任务；而教学方式只是在教学方法的基础上的运用，为实现教学方法所设立的教学目标服务，无法单独完成一个教学任务。

教学模式是根据特定的教学思想，被制定用于完成教学任务稳定的教学方法程序和策略体系，包含多种固定程序的教学方法。不同的教学模式都植根于各自独特的指导理念，有其独特的作用。它们在教学方法的运用和教学实践的发展方面具有重要的影响。当代教学领域最典型的教学模式包括知识传授和接受模式及问题探索模式。

（3）从教学方法之间的共性理解

虽然教学方法的定义有所不同，但它们都具有共性：教学方法必须符合教学目标和任务的要求。教学方法是教师和学生共同运用的方式，以完成教学任务为目的。

（二）英语教学法概述

1. 英语教学法的内涵

英语教学法是一门独立的学科，它有自己的研究对象和内容，有自己的研究目的和方法，有自己的理论和区别于其他学科的特点。英语教学法的研究对象是英语教学，具体来说，就是人们是怎样学习英语的，人们又应该如何去教英语。英语教学法研究的是英语“教”与“学”的问题，因此，它涉及以下内容：语言是什么，学习英语是一个怎样的过程，学习英语有什么样的规律，教授英语应遵循什么样的原则，教学过程是怎样的、有什么特点，教授英语可使用什么样的方法和技巧，英语教学与语言环境有何关系，“教”与“学”存在着什么样的关系，等等。

英语教学法研究英语的“教”与“学”，目的在于探讨英语教学的内部规律，从而为更好、更快、更有效地教授和学习英语提出有关的理论和方法。

英语教学法是个实验性很强的学科，它的研究遵循着科学的实证研究的方法。研究可以通过实验进行。人们可以通过观察、归纳或总结有关语言教学的现象，提出假设，然后通过控制有关变量对假设进行检验，最后得出实验结论。研究还可以通过自然观察和有目的的调查来进行，对于语言错误、某种教学策略或学习策略，可以通过观察和调查，把它们记录下来，进行分析、归纳和总结，最后得出研究的结论。

作为一门独立的学科，英语教学法不但有自己的理论，还有区别于其他学科的特点，同时还与其他学科有着密切的联系。在不同的历史时期发展起来的教学法，如语法翻译法、直接法、听说法、口语法和情景法等均可视为英语教学法的理论。与此同时，英语教学法也应用语言学、心理学、社会学和教育学等学科的理论及与这些学科有关的其他学科的理论，如心理语言学、社会语言学等的理论来研究“教”与“学”的内容、“教”与“学”的过程、“教”与“学”的规律及“教”与“学”的技巧和方法等问题。然而，尽管英语教学法与一些学科有着密切的联系，但是应用相关学科理论于英语教学的实践时，还需要借助语言学家或是英语教师的中介作用或努力。

2. 英语传统教学方法

英语教学法是英语教学过程中的一个重要成分，是为完成教学任务，实现“教师怎样教、学生怎样学”所采用的方式、手段和途径。英语教学法是一定历史背景和社会环境的产物，是由不同教学阶段及教学要求决定的。不同的英语教学法产生于改革英语教育的实践，受制于英语教育的目的，不同的英语教学法并非相互对立的，而是长期相互依存的。各类教学法相互借鉴，理论内容互相融合。在语言教学领域，曾经出现过几种不同的教学方法，如语法翻译法、自觉对比法、认知法、直接法、听说法、情境法、视听法和交际法等，这些方法反映了不同的教学观念。一方面，英语教学法处于批判、继承、发展、创新的过程中，正是这种历史继承性才使综合教学法的趋势有了存在和发展的可能；另一方面，学校中的英语改革是与时俱进的，是时代发展的要求，因此可以说英语教学改革不是照搬照抄外国的理论，而是以英语教学方法运用的现状与时代的要求为立足点，选择一种既符合英语教育教学现实又符合时代需要的英语教学方法。早期的传统教学法，更注重学生掌握语言结构和规则，而后起的教学法如交际法更注重学生掌握语言的意义和功能。这也是由于受到不同的语言学和心理学基础的影响，所以只有选择最适合的教学方法，才能促进学生英语学习的进步。目前我国英语教学中存在五种具有代表性的方法，即语法翻译法、情境教学法、交际教学方法、任务型教学法、直接教学法。

3. 现代英语教学方法的综合运用

英语教学在方法上越来越趋于多样化、折中化、本土化、学生中心化和学习自主化，这些变化促进了中国的英语教学改革。英语教学是一门实践性极强的课程，它不仅需要一定的知识传授，还需要活泼的且较为真实的课堂教学氛围，以及作为语言学习主体的学生的积极参与和大量的交际实践。单纯地讲解英语知识点已经不再是开展教学工作的唯一方式，新的教学法在英语教学中发挥着越来越重要的作用。教师的“教”和学生的“学”是教学的两个重要环节，需要教师和学生的共同参与。那么如何在师生共建的课堂互动模式中，有意识地创造各种语言环境，积极调动学生学习英语的积极性，让学生正确地使用英语知识去表达、交流思想和传递信息是英语教学法要解决的首要问题。另外，英语教学法的运用不是固定的、排他的，这就要求教师在教学过程中灵活地选择有效的英语教学法。在以计算机、多媒体和网络为辅助手段的基础上，将不同的教学法穿插使用，可以有效地调动学生学习英语的主观能动性，有助于教师及时对教学过程进行调控，同时可以加强学生与教师之间的有效沟通，帮助学生更好地提高自身的语言能力。教师对教学法进行选择时应注意兼顾知识的体系性、任务的多样性、情境的真实化。

每种英语教学法都有其产生和存在的条件，在实际教学中教师应该仔细研究各种教学法的特点，熟悉并掌握其中的技巧，不能盲目地推崇某一种教学方法而否定另一种教学方法，应根据教学活动的具体情况综合使用各种教学法。事实证明，没有一种教学方法是万能的，过多地依赖或推崇某一种教学法，往往会造成在具体的教学实践中产生某种偏差，这不利于英语教学的进一步发展。英语教学大纲要求教师不仅要向学生传授语言知识，训练语言技能，还要培养学生运用英语进行交际的综合能力。这一要求是立体的、多层次的，而且当前的学生获取知识的渠道是多样化的，所以在教学中仅仅使用一种教学方式显然是不够的。所以，教师在教学中必须秉承客观、实事求是的态度，结合教学特点、学生的实际情况及现有的教学资源，选择合理的教学法，从而有效地开展英语教学。

二、常见的英语教学法

（一）情境教学法

1. 关于情境学习

情境学习是建构认知理论中的一种知识习得理论。情境学习理论认为，学习不能简单地被理解为把抽象的知识从教师传递给学生，也不仅仅是一个基于个体的意义建构过程，学习是一个社会性、互动性、协作性的过程，是处于某一特定情境下的学习。

美国加利福尼亚大学伯克利分校的教授让·莱夫（Jean Lave）和爱丁纳·温格（Etienne Wenger）在1991年出版的《情境学习：合法的边缘性参与》中对情境学习理论进行了详细的阐述。莱夫认为，真实的学习环境是决定学习进程的关键，知识的建构过程受到学生和学习情境、学生与学生之间互动的影响。

情境学习理论把知识分为四类，即以具体事实为基础的知识、以原理规律为基础的知识、以认知能力为基础的知识、以特定社会关系为基础的知识。前两类知识可以通过阅读文献资料等方式获得，称为显性知识，后两类知识可以通过社会性实践等方式获得，称为默会知识。

后来提出的问题导向学习模式、任务导向学习模式也都是基于情境学习理论的具体教学方法，这两种教学方法的基本思路都是要求学生通过人与环境互动的方式来达到主动建构知识的目的。

2. 情境教学法的原则

（1）轻松体验性原则

为了使教学过程顺利开展，在情境教学法中，教师应该选择恰当的教学方法，为了让学生获得更佳的学习效果，并在轻松、愉快的氛围中，教师可以引导学生产生各种问题，并与他们一起思考并探讨答案的正确性。在这个过程中，教师也要充分发挥自己的思维和想象力。这一原则强调，培养学生思维过程的同时也要注重他们获得的成果，重点在于让学生享受思考和发现问题的过程，而不是强制或加重负担。

（2）学生自主性原则

学生自主性原则的核心观点可以通过两个不同的角度来解释。第一个方面是，要建立良好的师生关系以确保情境教学法的有效实施。因此，师生之间必须保持良好的互信关系。情境教学完全可以理解为师生在特定情境下进行的交往。师生之间只有相互信任、相互尊重，才能共同顺利地完成教学任务。因此，教师必须充分了解学生，学生也必须充分了解教师，彼此之间要形成一种默契。第二个方面是在师生之间相互信任、相互尊重的前提下，要确定学生在教学过程中的主体地位。教师要鼓励学生进行独立思考并勇于进行自我评价，从而培养学生的创新精神和主动精神。由此，在情境教学中，要求教师从学生实际出发，让学生在完成学习任务的同时获得社会实践的体验。

（3）意识与无意识统一、智力与非智力统一的原则

意识与无意识统一、智力与非智力统一的原则是实现情境教学法的两个基本条件。人在学习或工作的过程中，既要集中思维培养刻苦和钻研精神，又要充分激发兴趣、愿望、动机等这些无意识的潜能，因为它们对智力活动具有重要的促进作用。具体到教学过程中，教师不要一味地告诉学生要努力、要刻苦，而是要想方设法地激发学生各方面的潜能。

简而言之，这一原则其实就是告诉我们要保持一种精神的集中与轻松的状态。让学生在学习中松弛有度、有张有弛，自然会取得更好的学习效果，而这也正是情境教学法所追求的效果。

3. 情境教学的理论继承

（1）基于让·皮亚杰的认知发展论

英语学习的过程可以理解为学习者针对目的语言的特点进行建构假设、验证假设、修正假设的过程。这里所说的验证假设和修正假设也就是皮亚杰在发生认识论中提出的“同化”和“顺应”的概念，通过对学习者认知结构的不断平衡，从而不断完善、丰富关于目的语言的认识，使学习者关于目的语言的认知图式更加复杂化和系统化，使学习者的语言能力不断向更高层次发展。情境教学的出发点是促进学习者以积极主动的姿态参与学习，把教学情境的创设作为主要内容，最主要的目的就是为学习者提供感知、体验、运用目的语言的场景和条件。学习者在情境中运用目的语言进行交流互动和意义协商，从中领悟语言规则，促进认知结构的同化和顺应，不断提高学习者的语言能力。

（2）基于杰罗姆·布鲁纳的认知—发现学习理论

杰罗姆·布鲁纳（Jerome Seymour Bruner）的认知—发现学习理论强调认知能力的形成和发展，这与情境教学的理念是非常相似的。首先，情境教学认为有效的语言习得主要源于学习者的亲身感受而不是源于教师的讲授，创设教学情境就是为了使学习者更真实地体验学习的过程。其次，情境教学不提倡教师在课堂教学中直接讲解语法规则，而是要求提供一系列需要完成的任务，需要借助语

言的形式解决完成任务过程中遇到的一系列问题，完成任务的过程也就是学习者在语言使用中探究、发现、归纳、理解、内化语言规则的过程。再次，具有一定程度的挑战性是设计任务的基本要求，学习者在完成任务的过程中展现自身的能力、感受成功的快乐，有利于激发学习者强烈的内在学习动机，提高学习者的兴趣和注意力。最后，情境教学就是通过创设语言运用的场景和环境，并借助设定任务这种引导方式，使学习者在具体的语言实践中掌握交际能力，避免机械记忆和死记硬背。

（3）基于奥苏贝尔的有意义学习理论

在奥苏贝尔看来，机械学习方式获得的是零散的、孤立的、静止的知识信息片段，这样的学习方式对提高学习者的学习能力意义不大。真正有意义的学习是将外界新输入的知识信息与学习者原有认知结构之间建立联系，并内化为原有认知结构的组成部分，进而形成新的认知结构。如何促进有意义的学习的形成同样也是情境教学所要解决的问题。情境教学通过创设情境激发学习者的学习动机和学习兴趣，并以完成任务为牵引，尽可能地减少单纯的语法讲解和反复的机械操练等固化的学习形式，使新的知识、新的概念更容易与学习者已有的知识系统之间形成联系，更容易为学习者所接受，更快地实现知识的内化。

（4）基于建构主义学习理论

对于长期困扰传统语言教学的一些问题，如重视语言形式而忽视语言意义、重视语言输入而忽视语言产出等问题，情境教学对此提出了有效的解决方案。情境的核心就是意义的真实存在，强调语言教学要在特定的情境中围绕一系列有明确目的的具体任务来渐次展开，语言的内容、语言的表达、交流的信息、语言的运用都要有实际的意义，以从根本上避免从形式到形式的无意义活动。生态语言学理论、二语习得理论等诸多学科理论的研究成果表明，学习者的母语学习经验完全可以正向迁移到目的语言的学习中去，学习者在母语学习中获得了对于语言的性质、语言的功能、语言的意义、语言学习方法的认识。情境教学鼓励学习者积极运用在母语学习中获得的经验，在特定的情境中运用目的语言进行有意义的语言交际实践，建构对目的语言的认知结构。

建构主义的社会互动理论通过设定一系列具体任务为学习者之间的沟通交流、意义协商、信息共享、思想表达等提供有效的载体和平台，教师和学习者是通过完成具体任务而被联系起来的，教师的主要责任是创设接近真实的教学情境，营造浓厚的学习氛围，倡导合作式学习，增强学习者的自信心，督促学习者在具体任务中完成意义的建构。这与情境教学理论相比具有很大程度的一致性。

4. 情境教学法的应用

情境教学法的理论基础是建构主义，它通过在英语教学中的实践和应用，进一步丰富和深化了我们对建构主义理论的认识。

（1）情境的设计

语言学习是与一定的社会文化背景即情境相联系的。利用现实情境所提供的场景，学习者会将自身原有认知结构中的有关经验和知识与当前学习的新知识相联系，将新知识吸收并纳入自身已有的认知结构中。因此，在英语教学中教师应当设计能够引导学习者积极参与学习活动的真实情境。真实情境的设计主要与以下七个因素有关。

第一，学习任务的呈现。教师在向学习者呈现学习任务时，应当同时描述任务中问题发生的社会文化背景。问题的呈现应当是有趣的或吸引人的，目的是引导学习者积极参与。此外，教师还应注意在问题呈现的过程中为学习者留出足够的操作空间，并允许他们自己作出决策。

第二，学习者的自主学习。建构主义指导下的情境教学法强调学习者要主动建构知识，因此自主学习设计是设计促进学习者主动构建知识的学习环境中的重要一环。学习者是学习过程的主体，学习者的自主学习是对所学知识实现意义建构的内因，而恰当的情境是促进学习者主动构建知识的外部条件，即外因。外因通过内因起作用，学习者在适当的情境下通过主动探索、主动发现，并借助自主学习活动，完成知识的建构过程。可见，自主学习设计是情境设计中必不可少的。

第三，教师的指导。学习者是学习过程的主体，教师则是整个教学过程的指导者、组织者和协调者。事实上，在学习过程中，学习者扮演着主体角色，他们通过自主学习来构建知识的意义。当然，教师在这个过程中的组织、启发和指导是至关重要的，学生离不开教师的这些帮助。因此，情境设计时必须重视教师的引导作用。如果忽略教师的帮助和指导，学习者的学习很可能会变成没有明确目标的盲目尝试。

第四，相关范例。只有学习者对某一问题有一定的经验时，他们才会真正理解并解决该问题，所以为学习者提供相关的范例是很有必要的。相应的范例主要是指学习者可能会参考的相关经验，如要解决的问题的多种观点、视角、思路等。学习者参考相关范例不仅有助于解决当前的问题，而且还可以补充自身认知结构中的空缺。

第五，信息资源。在进行情境设计时，必须确定学习者所需要信息的数量和种类，以建构问题模型和提出解决问题的假设。可以提供的信息资源包括可供学习者选择的并随时可得的与问题解决有关的各种信息和知识，如文本、图形、图片、声频、动画等，以及通过网络获取的各种有关资源。

第六，认知工具。认知工具通常有可视化的智能信息处理软件，如专家系统、知识库等。由于学习者受已经掌握的知识和感官输入信息能力的局限，所以对认知资源的获得也受到限制。而认知工具能够提供组织或呈现各种信息的机制，学习者借此可以进行信息与资源的获取、分析、编辑，并以此表达自己的想法。

第七，“支架”的提供。当学习者遇到较复杂的学习任务时，教师应为学习者提供一种概念框架，将复杂的学习任务加以分解，引导学习者深入理解所学知识。这种概念框架被形象地称为“支架”或“脚手架”，代指在以学习者为中心的情境下，教师所能提供给学习者的、帮助学习者提高现有语言能力和水平的支持方式。这种支撑作用可以激发学习者达到任务所要求的目标，同时将学习者的语言水平和智力水平提升到一个新高度。

（2）意义的构建

第一，教学目标的分析。在学习者的学习过程中，无论是学习者的独立探索，还是教师对学习者的指导，都要以对新知识的意义建构为中心。但是，每一阶段或每一课堂的学习内容总是由不同的若干知识点构成的，且每个知识点的重要性及其特点均不同。因此，要想完成意义建构，首先必须对所学的内容进行教学目标的分析，在此基础上才能确定当前所学知识的基本内容。

第二，教学结构的设计。教学结构设计问题主要是指对教学活动过程的控制与优化问题，简单来说就是师生之间、学习者与学习者之间交互作用而形成的动态过程设计。具体来说，教师应在建构主义的学习理论和教学理论的指导下，运用系统、动态的观点审视和反思教学中的各个环节、各个环节的作用和相互关系，继而形成一个动态的、稳定的教学结构进程。

第三，自主学习策略的设计。情境的设计离不开自主学习设计，同样意义的建构也离不开自主学习策略的设计，它是完成意义建构的基础。自主学习策略设计的目的是帮助学习者学会学习，即帮助学习者能够根据学习目的和要求独立地选择有效的学习方式。在自主学习策略设计中，元认知策略设计非常重要。元认知策略是学习者在学习过程中所采用的学习策略之一，包括学习过程中对所运用的方法的选择、学习时对学习的监控和学习后对学习的评估等。元认知策略包括计划、自我管理自我监控、自我评估、资源利用和需求分析等方面的内容。

第四，信息技术辅助作用的设计。随着信息技术在教育教学领域的应用，学习者的学习资源也越来越丰富。因此，在意义建构过程中，不应忽视信息技术的辅助作用设计。在教学中应用信息技术，可以帮助学习者获得学习所需要的信息资源。在这个过程中，如果学习者对于获取相关信息的出处、手段、方法以及如何有效利用这些资源等方面有困难，教师应及时提供帮助。

第五，协作式学习活动的设计。协作式学习活动的设计，其目的是为多个学习者提供对同一问题用多种不同的观点进行观察、比较、归纳、综合的机会，帮助学习者掌握知识、运用知识和深化对问题的理解。开展协作式学习活动既有利于教师主导作用的发挥，又有利于培养学习者之间的合作精神。

5. 情境教学法的作用

（1）有利于培养学习者的感性认识

情境教学是学习者在与情境中的对象发生交互作用的过程中进行的，这里所说的对象既可以是实物对象，也可以是问题对象。学习者在与实物对象进行交互的过程中会获得真实的、具体的感性认识，丰富对教学内容的理解和认知。学习者在与问题对象的交互过程中主要是根据背景条件和知识结构并通过学习者自己的思考来获得问题的答案的，会激发学习者的直觉认知，有助于推动学习者形成和发展理性认知。

（2）有利于培养学习者的迁移能力

迁移是一种学习过程对另一种学习过程的影响，学习者只有懂得如何把知识恰当地应用于不同的情境中，迁移才会产生。教师在教学过程中要注意教给学习者在不同的情境中的应用规则、学习方法和基本知识，使学习者了解技能和策略是如何从不同的方面促使他们更高效地学习。情境教学中的情境设定既可以是真实情境，也可以是描述性情境。真实情境是指真实的社会实际生活和原生态的自然地理环境；描述性情境是指学习活动是由教师专门创设的，具有较强的针对性。

（3）有利于培养学习者的个性

学习者的角色扮演是否丰富，对于学习者个性的培养有很大影响。学习者在教学情境中可以扮演多样化的角色，主要有两类角色：一是观察角色，学习者只是以旁观者的身份对情境中的对象进行外部观察，以提高感性认识；二是参与角色，学习者通过参与具体活动以获得真实的体验，促进认知能力的提高。教师在情境教学中不仅要向学习者提供角色扮演的机会，而且还要让学习者轮流扮演这两类角色，这样才能不断完善学习者的个性。

（4）有利于提高学习者的合作能力

情境教学的一个重要特点就是需要学习者个体之间的密切协作和互相配合，这就给学习者提供了丰富的教学情境和沟通交流的机会。学习者在协作中共同完成知识意义的建构，每一个人都能获得对知识的独特理解，亲身体会交流的巨大作用，认识到情境教学的重要性。

6. 情境教学效果的评价

情境教学法强调发挥学习者的主体作用，积极构建真实情境，利用各类自主学习活动与协作学习活动促进学习者主动构建知识意义的能力。因为情境教学法强调学习者的迁移能力，所以在评估学习者的学习过程和效果时，需要重点考虑他们的动态发展。概括起来，情境教学中的评价需要重点考虑以下五个方面的因素。

（1）基于真实语境的评价

这主要是指评价的背景应当像教学背景一样真实而丰富。学习是学习者在一定的情境中利用已有的知识经验赋予当前学习到的新知识以某种意义的过程。因此，情境教学中的评价应在某种有意义的背景下，围绕真实的情境来评估和讨论学习结果。

（2）对学习者高层次学习目标的评价

情境教学法强调知识的建构过程，包括学习者对知识的发现、对学习过程和结果的监控与调节，以及对知识的综合运用等多种高水平的智力活动过程。相应地，评价也十分重视知识的建构过程，强调对学习者的知识发现能力、认知策略的运用和知识综合运用能力等高层次学习目标的评价。

（3）对学习者参与学习过程及效果的评价

在情境教学法的背景下，学习过程就是学习者主动建构知识意义的过程，因此学习者是否主动参与学习过程的评价就显得很重要。这一评价要以学习者的学习课堂为中心，其中对学习者的课堂表现可以从以下方面进行考察：学生听课时是否注意力集中、是否积极参与课堂活动、是否认真听教师及其他学习者讲话等。而从评价的目标和内容看，课堂评价活动包括对学习者所掌握知识与技能的评价，对学习态度、兴趣与自我意识的评价，对学习策略的评价等。

（4）评价主体与评价方式的多元化

由于学习者都是基于自身的知识经验来构建对事物的理解的，所以不同的学习者对同一知识点的理解也不尽相同。因此，对学习者学习过程和学习结果的评价也应采取多种方式，就评价主体而言，评价人员既可以是教师也可以是专家，还可以是学习者自身；就评价方式而言，可将传统的“标准参照评价法”与现代的“学习文件夹评价法”相结合。标准参照评价法是指根据课堂教学目标制定评价标准，对比学习者的学习结果，并从中找出优势与不足；而学习文件夹评价法是指借助教师和学习者收集的反映学习者学习过程和学习进步的各类学习成果进行评价，它主要用于学习者对学习的回顾、自我评价及其他形式的外部评价。

（5）评价信息的及时反馈

情境教学法既重视对学习过程的评价，及时反馈评价结果也同样重要，因为这能帮助学习者认识到评价的积极影响。具体来说，在对学习者进行评价的每个阶段，教师首先要对获取的信息加以分析、整理和阐释，然后针对学习者的个性特点以适当的形式及时将全部或部分信息反馈给学习者。借助这些反馈信息，学习者可以及时了解自己的不足，并在教师的帮助下不断修正自己的学习策略。

（二）任务型教学法

1. 任务型教学法的含义

道格拉斯·布朗（H.Douglas Browm）的理论认为，任务型学习是将学习的重点放在任务上，认为学习过程应该是一系列与课程目标直接相关并且为课程目标服务的任务，其目的是实现比简单练习语言更高层次的语言学习目标。[①] 任

① 鲁静. 思维创新在高校英语教学中的应用 [M]. 长春：吉林人民出版社，2020：140—141.

务型教学法的主要特征是将任务作为核心单位来规划和组织教学。它采用任务大纲，以任务为基本单元来组织教学单元，以实现教学目标。一般来说，任务型教学法将一个任务作为一个自主的学习单元，所有的教学活动都以完成这个任务为核心进行，以此来服务于任务的顺利完成。值得注意的是，任务型教学法把任务作为教学的核心，强调活动必须具有明确的目的。这项任务有三个明显的特点：一是语言的内容含义比语言的形式结构更为重要，课堂上的语言活动更类似于自然语言习得的情况；二是完成任务或取得的成果可以让学生进行自我评估，并使其产生成就感；三是任务的顺利完成和优秀结果的产生都依赖于表达技能，也就是说、写技艺。简言之，任务型教学法或任务型学习所涉及的任务不是单纯的、独立的或可以随意排列组合的教学或学习活动，而是整个体系（或课程）中不可或缺的一个有机组成部分。

2. 任务型教学法的理论基础

（1）言语行为理论

奥斯丁在《如何以言行事》一书中提出了言语行为理论。他认为基于传统语法结构的单词、语句、短语等语言表达形式并不能与其承载的语言功能形成一一对应的关系。语法结构完全相同的语句在表达的意义上可能引发不同的理解，形成截然不同的语言功能，而语法结构完全不同的语句却可能表示相同的意义，形成完全一致的语言功能。换句话说，一个语句可以表达多种功能，而一种功能也可以用不同的语句进行表达。

言语行为理论对于语言教学的启示是应当重视语言功能的学习，认为语言学习的主要目的是把目的语作为交际的工具，强调在语言运用过程中实现语言知识的自主学习和语言能力的逐步提高。而任务型教学法基于某种交际需要通过具体任务的设定来培养学习者语言运用能力的思想，与言语行为理论的主要观点极为契合。

（2）认知方法理论

斯基汉（Skehan）在《语言学习认知法》一书中系统阐述了关于二语习得研究的认知法。斯基汉认为学习者在学习语言时建构了两种知识系统：一是语言知识系统，包括词汇、词组、短语、语块等固定搭配的表达形式，这些语言知识易于学习者快速记忆和习得，更注重语言的形式，适合于学习者进行流畅的语言表达的场合；二是语言规则系统，需要学习者对语言表达形式进行抽象概括、对语言输入输出进行深入分析、对交际策略进行理解和掌握，是以意义交流为核心的，需要学习者具备更强的认知能力，适合于需要进行精确语言表达的情境。

斯基汉的认知法把学习者语言产出的情况作为重点研究内容，认为语言产出的特点可以归纳为三个方面：一是学习者能否运用所学的第二语言自如地进行交际，即语言的流利性；二是学习者在交际过程中能否恰当地进行表达，即语言的准确性；三是学习者对复杂的中介语结构能否熟练掌握和运用，即语言的复杂性。他认为完成不同的任务会形成不同特点的语言产出，对语言的流利性、精确性和复杂性有不同的要求，语言表达的流利性主要与学习者对语言知识的掌握相关，而语言的精确性、复杂性则更多地与学习者对语言规则系统的理解有关。

在实际交际中，由于学习者语言能力的局限，语言表达的流利性、精确性和复杂性往往是不相容的，精确性、复杂性的高标准往往意味着语言输出流利性的丧失，而追求语言输出的流利性往往意味着对语言输出精确性、复杂性的放弃。

在教学中可以设计一些具有不同特点的任务，每一项任务都侧重于培养学习者语言产出的一个方面的能力，这些任务按一定计划、一定步骤科学地组合起来，从而促进语言表达的流利性、精确性和复杂性的协调发展。

（3）第二语言习得理论

关于第二语言习得理论有很多，其中最为学界所认可的便是交互修正假设，交互修正假设认为学习者通过对语言输入进行意义协商的方式来促进语言习得能力的提高。学习者在交际对话过程中能够意识到自己的语言知识与交际对象和交际目标之间的差距，根据交际对象的反馈信息进一步分析语言输入的意义和结构，进一步完善自己的语言知识结构，通过调整自己的话语方式以使交际对象获得可理解性语言输入，通过学习者之间的这种交互，修正、提高学习者的语言习得能力。而任务的创设为学习者的意义协商搭建了有效的平台。

而斯温则提出了输出假说，斯温认为要确保语言习得的效果，仅有大量的可理解性语言输入远远不够，还需要经过反复的、频繁的语言输出训练，提高学习者的语言产出能力。1995 年，斯温等人提出了修正后的可理解性输出概念，认为可理解性输出有利于学习者及时发现自己在使用语言过程中的错误。通过对自己的语言表达进行有意识的反思，在理解语义的基础上对句法进行深入的分析，提高其使用语言的准确和流利程度，有效提高学习者的认知能力，进而产生修正后的输出。在教学中应当根据交际的需要尽可能多地设计形式多样的语言输出活动，创设一个真实的语言环境，以促进学习者语言产出能力的培养。

3. 任务型教学法的原则

（1）真实性原则

真实性原则是大卫·努南（Davy Noonan）提出的任务教学法的教学原则之一，他所说的真实是指实际生活中人们在交流时使用语言的情况。真实性原则主要涉及两个方面：其一是学习任务的设计要为学习者提供明确、真实的语言信息，使学习者能在自然、真实或模拟真实的情境中体会语言、掌握语言；其二是教师所用语言的材料应尽可能地真实，并与学习者的实际生活与社区生活结合起来。

教师在设计教学任务时，所使用的语言应尽可能地满足真实的交际需求。教师根据需求创造适当的情境以“控制”活动，而学习者可以根据交际的需求选择他们所要表达的内容和语言。也就是说，学习者不应仅仅集中在个别的语法结构上，而是需要用他们所掌握的语法知识来表达各种根据实际情况而出现的意思。

任务型教学法之所以要坚持真实性原则，并且与文化密切相关，原因是语言是文化的一部分，学习一门语言可以让我们了解另一种文化，这也是为什么我们在英语教学中非常注重文化意识的培养。通过使用真实的文本材料，学生可以直接接触到目标语言的文化背景，从而获得更为真实的语言体验。这种方式能够帮助学生更加近似使用母语的方式来表达自己，并更好地参与有意义的交流，而不仅仅是简单地展示语法或词汇知识。

（2）扶助性原则

在实施任务型教学法的过程中，扶助性原则体现在两个方面，一是教师对于学习者的扶助，二是学习者之间的扶助。

第一，教师以合作者的身份对于学习者进行帮助与扶持。这种帮助与扶持涉及认知需求与情感状态两个方面。从认知的角度来看，教师应当调动学习者已有的背景知识和语言资源，协助学生顺利完成学习任务。基于情感的视角，任务型教学法推崇通过小组活动和合作学习来实现教学目标。合作学习可以维持学习者足够的兴趣，并在解决问题时缓解学习者的疲劳感。

第二，对于学习者而言，他们之间可以相互支持、协助与合作。这里重点考虑学生个人经验对学习的推动作用。学生并非简单地运用知识，而是在他们现有的知识框架和经验背景基础上，通过新旧知识之间的相互作用来理解知识的意义。因此，学生在完成具体任务的环境中，在使用目标语言达成任务的过程中，加深了对目标语言系统的认识和理解，促使学生在学习过程中对学习内容和效果进行自我评估和调整。另外，学习者之间不同的知识结构与经验背景可以在互动中实现交流与共享，从而促进共同学习。

（3）反思性原则

任务教学的设计应包括为学习者提供反思的机会，通过培养学生的反思能力，可以促使其既关注学习目标又注重学习过程。同时，这也是培养学习者自主学习能力的一个重要途径。

4. 任务型教学法的主要特点

（1）任务设计要注重个性差异

设计任务时要根据学习者的个性特点区分任务的复杂和难易程度。任务难度过小、过于简单容易使学习者丧失学习热情和兴趣；任务难度过大、过于复杂，则容易使学习者产生畏难情绪，挫伤自信心。教师要充分挖掘每个学习者的潜能，激发学习者的求知欲望，培养学习者独立思考的能力，使每个学习者在完成任务的过程中都能有积极参与的机会和空间。为此，我们可以根据不同的教学目标设计不同形式的任务，提供具有不同难度和深度的教学资源，使每个学习者都能完成切合自己能力水平的任务，使学习者产生更持久的学习热情并且引导学习者不仅要关注语言表达的形式，更重要的是还要关注语言的意义和功能。设计任务时还要做到由浅入深，由易到难，形成任务难度的循序渐进，另外，任务类型也要做到形式多样，各有侧重，交叉运用。在任务设计中还可以根据教学主题的需要，充分考虑学习者的原有水平和实际情况，设计由多个具体任务构成的特定的任务链。适度运用脚手架原理，给予学习者必要的支持和指导，使学习者享受到完成任务所带来的心理愉悦。

（2）任务实施要注意互动合作

任务的实施主要以小组活动为主，小组形式多种多样，教师可以针对教学需要经常变换小组活动的方式来完成不同类型的任务，通过小组活动还可以增加学习者的交际实践机会。任务实施过程中要注意引导学习者树立团队意识，注重与他人的交流合作。每一个参与者对小组及自己在小组内的角色都应有责任感，与小组成员交流、沟通、共享信息。学习者从接受任务、准备任务、执行任务、报告任务到分析任务的各个环节，需要充分发挥主观能动性，通过小组成员的团结协作，共同完成任务。

同时，教师要为任务的实施创设真实的教学情境。情境设计要以学习者的生活经验和兴趣爱好为出发点，这容易使学习者产生亲切感，能激发学习者的好奇心、求知欲，增加学习者使用目的语言的机会，提高语言的实际运用能力。要与现实的社会生活紧密联系，使学习者在一种自然、真实的情境中体会和学习语言。这有利于发挥学习者的主观能动性，调动学习者学习的积极性，培养学习者的思考、决策和应变能力，同时激发学生的想象力并培养其创新的思维能力，进而推动学生的全面发展。

（3）充分发挥学习者的主体作用

对于语言学习来说，有效的语言输入是最重要的前提和基础。为此，教师不仅需要为学生提供丰富的、有新意的语言输入素材，还要考虑输入语言材料的真实性、针对性、知识性和多样性；而学习者则通过体验感知、交流讨论和合作探究等学习方式，积极主动地开展自主学习，培养听、说、读、写等各项语言技能。

尽管在课前教师拟定了详细的教学计划，但在课堂教学中会产生许多不确定的因素，当学习者不知道如何实施任务时，则需要教师随时进行指导和监督，以便推动任务的顺利进行；同时，学习者要学会自主管理学习过程、自主控制学习进度、自主选择学习策略、自主检验学习效果，以提高自主学习能力。

任务型教学法倡导参与式教学方式，其教学过程、教学方法是开放式的、持续的、动态的，每个学习者会根据自己的学习体验形成不同的结论，而教师给出的结论也不是唯一的，往往有多种解决问题的方案，教师往往需要和学习者共同学习。同时，任务的完成需要学习者充分表达自己的看法和观点，就自己感兴趣的问题进行深入的讨论，也需要学习者认识到，在语言表达的过程中出现各种语法错误和不恰当的表达方式是难以避免的。

（4）进行任务评价

任务型教学法把学习者的任务完成情况作为评价的目标，教师可以在课堂教学过程中随时监测学习者每一项任务完成的进度和结果，以此来评估学习者对教学内容的掌握程度和学习效果，也可以在课堂教学过程中由其他学习者就完成任务的情况进行同伴评价，这种评价是可以与课堂教学同步的即时评价。

5. 任务型教学法的应用

（1）任务的准备

任务的准备阶段，通俗来讲，就是在学习新知识前所做的准备。它主要包括两方面的内容：一是作为任务参与主体的学习者所需获取、处理或表达的信息内容；二是作为任务参与主体的学习者获取、处理或表达这些内容所需的语言知识、技能或能力。

在任务准备阶段，还要特别注意两个问题，即语言输入的真实性和任务的难度。语言输入的真实性是指在任务教学中所采用的语言教学材料的真实程度，而任务的难度则主要由三个方面的因素决定，一是输入因素，二是任务因素，三是学习者自身的因素。

（2）任务的介绍

任务的介绍也称“任务的呈现”，是在学习新语言之前，教师向学生展示要求学生运用所学新语言完成的任务。这样做既可以引导学生进入任务情境，也可以帮助学生更好地理解任务要求。

在此阶段可以采用的具体教学活动包括图示构建活动、控制练习、听力练习、强化语言点活动，在此基础上再慢慢过渡到相对自由的练习活动中，也就是鼓励学生即兴表演，发挥创造力，其最终的目的是为任务的顺利开展奠定良好的基础。

（3）任务的开展

保证任务的科学性和执行力。这个任务执行的过程，实际上就是学生语言技能习得的主要阶段。在这个阶段，任务的选择至关重要。如果任务过于艰难或过于简单，都会对学生的学习产生不利影响。因此，教师需要恰当地挑选任务难度。活动中处理差异的做法一般有以下三种。

第一，调整课程。根据学生的实际学习情况，为了更好地使教学内容和进度更适合自己所教的学生，教师可以适度调整教学计划。

第二，制定尊重差异的教学方案。教师可以根据学生的情况分发不同的材料、执行共同的任务；也可以给所有学生同样内容的材料，但是需要提出不同的要求、给予不同程度的帮助。教师要确保每一个学生都能参与进来，体验完成任务后的满足感，调动学生的积极性。

第三，发挥教师在课堂上的调节作用。教师要了解不同学生在不同时期的需要，要为有针对性地不同学生选择具有挑战性的材料。教师对问题的设计、提问的方式和技巧都要有所区别，以适应不同思维方式、不同性格、不同背景的学生。

学生完成任务可以采取的形式有多种，如“结对子”或小组自由组合的形式，也可以由教师设计许多任务来构成任务链。通常，采用小组活动的方式来进行活动是比较普遍的做法。在小组活动中，应该明确个人任务和小组任务，还要适时地转换学生和教师的角色。明确且适当的指导对小组活动是必要的，这是教师应该完成的任务。此外，为了鼓励学生，教师也可以不做“旁观者”，而是参与学生的小组活动，成为小组中的一员。这样做的好处是教师可以及时地对学生完成任务的情况进行监督、指导，了解学生对新知识的掌握程度，并根据具体的情况随时对教学策略进行调整，以保证任务完成的质量。

（4）任务的评价

任务的评价包括教学过程的各个阶段，不仅包含任务准备阶段，也包括任务展开阶段，特别是在任务完成过程中语言使用的得体性、正确性、流利性和复杂程度。

例如，在学生完成任务后，教师可以指定代表或者由小组成员推选代表向全班报告任务完成情况。当学生汇报任务时，教师并不是让其自由地进行，而是在汇报的过程中给予他们一定的指导和适当的帮助，力求学生汇报得准确、自然。在各个小组任务汇报完毕后，教师应当与全班同学一起对任务作出评价，指出各组的优点和不足，评出最佳小组，让学生在完成任务之后感受到成功的喜悦，同时对自己的不足也有所认识。在评价过程中，教师不仅要对评价的结果进行评价，还要引导学生如何正确、理智地评价自己和他人，帮助学生形成良好的评价思维方式。对于完成情况好的小组，教师要及时给予鼓励。

6.任务型教学法的启示与不足

课堂教学的具体内容和环境设置应当与目的语言的社会文化情境、学生的日常学习生活内容和交际活动的实际需要结合起来。由于学生在日常生活和人际交往中使用目的语的场合和机会很少，所以教师在任务实施过程中尤其应当注重创设模拟真实社会生活的教学情境，为他们提供学习和交流的环境和条件，鼓励学生的交流互动和合作学习。

采取任务型教学法能够使英语教学从注重语言结构功能的学习转变为注重实际语言应用的实践，有利于提高学生的语言运用能力。但是，如果课堂教学只是以完成设定的任务为主要目的，缺少系统规范和大量有效的语言输入，那么它并不能从根本上提高学生的语言能力。

任务型教学法充分注重学生自主性，体现了以学生为主体的教学理念。教学过程不只是围绕教师这个中心展开，教师不只是语言知识的讲授者，开始更多地承担教学过程中组织和指导的工作，而学生则越来越成为教学过程的中心，开始由语言知识的被动接受者转变为教学过程的参与者和实践者，成为语言知识的主动建构者。教师的这种角色的转变有利于促进教师自身素质和能力的不断提高。任务一般都是由教师设定的，如果任务的难度过高影响了学生水平的正常发挥，或者任务的内容枯燥乏味无法引发学生的强烈兴趣，那么预期的教学效果会受到很大的影响。在教学活动中，教师应充分了解学生的最近发展区，关注每一个学生的情感需要，从学生的角度来设计任务，与学生共同反思学习效果，同时在课堂教学中注重发挥学生的主体作用，为学生提供充分表现自我的机会。

第三章　英语教学模式理论研究

英语作为一门公共基础课程，其教学模式具有独特性。如果能够科学合理地利用英语教学模式，那么就可以更好地提高学生的英语综合素质，有利于提升学生对英语文化学习的兴趣。本章主要从英语交际型教学模式、英语“输入—输出”教学模式、英语分级教学模式和英语网络教学模式四个方面介绍了英语教学模式理论研究。

第一节　英语交际型教学模式

交际型教学模式是以课堂互动交流为基础，结合教师、学生、课堂和情景等多种教学元素，通过教师与学生之间的交流、互动活动、互换角色等实现教学的一种教学模式。西方学者对二语习得研究的新发现和新观点指出：语言与文化之间存在的内在关联属性表明语言教学从某种层面上看，是一种文化教学，并强调语言学习的交际目的，即符合跨文化交际的要求。所以，传统型英语教学模式向交际型英语教学模式转变，能够体现英语教学的改革与转型特征。

一、交际型教学模式的理论基础

20 世纪以来，英语教学模式一直是以教师为中心，以讲解、分析语言知识点为最普遍的标准教学方法。这一传统教学模式是建立在瑞士语言学家弗迪南·德·索绪尔（Ferdinand de Saussure）的“结构主义语言学”理论基础之上的。在这一理论中，语言被看作一个完整、封闭的符号系统，人们注重分析语言结构，强调语言形式，而语言的意义及其社会交际功能却被完全忽视了。[①]

之后，美国语言学家海姆斯（D.H.Hymes）的“交际能力理论”为传统的

① 黄娟．英语教学理论体系建构与实际应用研究[M]．长春：吉林人民出版社，2019：64.

英语教学模式带来了极大的冲击。海姆斯提出的语言交际能力具有语法性、可行性、得体性和现实性的特征，其中除语法性属于语言能力，其他三种特征均涉及语用能力，并将语言能力与语用能力结合起来。因此，人们开始逐渐认识到语言学习离不开一定的文化语境，学生不但要习得语言本身，还要习得使用语言的规则，而这种交际中语言使用的规则涉及交际主体国家的交往互动，强调个人自身所取得的经验并非来自外部传授，这就对以往传统的教学模式提出了质疑与挑战。[①] 对此，英语教学的最新理念是把跨文化交际能力作为英语教学的最终目的，以避免文化冲突的发生。

二、交际型教学模式的优势

交际型教学模式是一种多极主体间的认知交往活动。在语言交际活动中，师生之间、生生之间、师生或学生在不同场景中发生着频繁而密切的联系。[②] 交际型教学模式使教学过程发挥更大的功效，比传统的讲授式教学模式更具优势，主要表现在以下三个方面。

（一）学生主动学习

交际型教学模式提倡学生积极参与教学活动，而非学生作为被动接受学习一方。学生在参与教学活动时，能够积极地发现自己学习及教师教学存在的问题，并在此基础上及时地进行反馈，实现与教师的沟通以解决课堂问题。例如，学生在教学活动中以团队合作、小组发言、角色扮演、课堂讨论及个人陈述等形式进行多方位的参与，从而一改课堂上完全被教师掌控的状态，自己也不再是单纯的被动倾听者。由此，学生能在主动学习中获得肯定、鼓励与表扬，产生成就感后其学习热情也就自然而然地被调动起来，学习兴趣和积极性就会被调动起来。

（二）以学生的交际能力为导向

英语教学旨在开展实际的沟通与交流，而为了能够清晰地论证某个理论观点，需要特别列举几个具体的例子。举例说明论证与沉浸其中的角色表演及源于

---

① 宫玉娟. 大学英语教学模式改革创新研究[M]. 吉林出版集团股份有限公司，2018：10.

② 药慧敏，车艳艳，张冬梅 . 多维视角下的英语教学法探索[M]. 长春：吉林大学出版社，2011：40—41.

现实的案例分析和相互探讨、交流得出的理论升华相比，有一定的区别。交际型教学模式强调把具体、广泛、深刻的理论与实践相结合，即向学生的交际能力转化，其目的是培养学生的交际能力及解决实际问题的能力，从而赋予英语教学应用价值。

（三）学习效果更佳

传统教学模式下的教学信息基本是从教师到学生的单向传递，而在交际型教学模式下，这种单向交流变成了语用情境中师生之间和生生之间的多向互动。学生通过分享课堂教学内容及控制教学进程，能够在与实际密切相连且充满趣味性的场景中更加生动、真实、标准地运用语言，既实现了“学即所需”又体现了自我价值。这必然会从整体上提升英语教学的质量和学生的学习效果。

三、交际型教学模式中的问题及对策

（一）教师方面的问题与对策

根据英语交际型教学模式的要求，教师既需要掌握丰富的语言文化知识，又需要具备较强的语言比较研究能力和课堂掌控能力。但英语教师的教学实践表明，文化教学在英语教学中并未达到预期效果。目前，中国的绝大多数英语教师仍然依赖于本土传统的英语教学模式进行培养，缺乏亲身体验和深入异域文化交流的机会，他们对外国文化的认知仅限于书本、影像等媒介。此外，由于现行教育体制的限制，针对英语教师教学水平而实施的教学评价在很大程度上仍然受到大学英语四、六级考试通过率的影响，这迫使教师在课堂上把讲解大量语言知识点作为主要教学目标，从而忽视了文化知识的引入。

在英语交际型教学模式的要求下，英语教师需要转变传统观念，提升自身教学能力，以根本性的方式加强对跨文化交际教学法的精准埋解。此外，在教学实践中，教师应当重新审视自身的角色定位，并以多元化的方式进行课堂教学，以充分发挥课堂教学模式的独特作用，具体做法有如下四个方面。

1. 教师要有效利用课堂时间

教师应当充分发挥自己的想象力和创造力，紧密结合实际场景，精心设计课堂教学流程，科学分配教学时间和比例，确保在规定的授课时间内高效地完成教学任务，并有效地组织课堂的交际活动。

2. 教师要最大限度地发挥组织协调作用

教师需要精心策划课堂活动形式、运用方法及预期教学目标，以确保教学效果的最大化。教师的组织能力在很大程度上决定了课堂内的活动是否能够如期进行，学生的反应是否积极以及其是否能够融入教学并成为教学的主体。如果课堂教学过于松散或死板，那么就会造成课堂气氛沉闷，不利于激发学生的学习兴趣。因此，教师应当根据教学内容和教学目标的要求，精心设计课堂教学环节，以达到最优的教学效果和水平状态，从而为挖掘学生的交际能力提供必要的前提和保障。

3. 教师最好成为具有创新意义的合作者

小组辩论、讨论、扮演角色等与实际密切相连、形式新颖多样的课堂活动，可以激发学生学习英语的兴趣。在学生参与上述活动的同时，教师也要广泛、积极地参加学生的活动，不只是起到鼓动、指导和旁观的作用。

4. 改变课堂上单一的讲授方式

为了引导学生在英语学习过程中获得更多的启示和帮助，教师需要创造多种条件，激发学生内在的学习动机，使他们能够通过语言的实际应用来学习语言、解决实际问题、提高交际能力，而不是仅仅传授知识。

（二）学生方面的问题与对策

当前，仍有部分学生对自己是否能够开展跨文化交际持消极、否定态度。这一方面归因于这部分学生害怕犯错，另一方面也归因于他们内向的性格和自卑心理。有研究显示，学生在英语学习过程中存在两方面问题：第一，英语学习动机单一，并且呈现较强的功利性，而学生自身缺乏动力和自觉性，又会使英语文化教学的障碍增多；第二，学生无法正确地面对英语交流，即自身的情感焦虑和自卑心理，影响其与他人的跨文化交流。

鉴于以上问题，想要在跨文化交际模式中有效开展英语教学，就要使学生明白，学习英语就是为了提高自身的文化素养，具备跨文化交际的能力。另外，还需要帮助学生树立积极的跨文化交际态度。当前，我国多数高校通过聘用外籍教师来帮助学生实现跨文化交流，这一方法的弊端是，学生在与外籍教师交流时仍有一定程度的障碍，最好的方法是创造条件使学生与本校留学生交流，这样会有更显著的学习效果。

（三）教材方面的问题与对策

从某种程度上说，英语教材文化含量的高低直接决定课堂文化导入的数量和深度。有学者站在跨文化英语的教学角度，对高等教育英语教材进行调查与研究，结果表明：英语教材内容及练习设计与跨文化情境的融合程度尚浅，即离跨文化交际的实践要求较远。鉴于这种情况，改革和利用英语教材的方式方法就成为高等学校英语教学界较为关心的课题，具体建议有如下三点。

第一，保证英语教材内容能够体现跨文化交际这一属性特征，适时引入、讲解多元文化内涵，针对学生跨文化交际意识与实践能力展开训练。

第二，英语教师及英语教研小组可以定期组织编撰文化及跨文化类电子报刊，向全校学生免费分发，或者直接向学校论坛发放，以此提高学生的跨文化交际知识素养。

第三，提倡英语教师自编课堂讲义。但不是仅凭借教材改革来实现英语教学改革，而是要创造性地使用和补充教材。

综上所述，我国交际型教学模式尚处在探索、实践与发展阶段，上述思考的问题与面临的改革仅是其中一个方面。英语教学旨在帮助学生掌握语言交际技能，提高其自主学习能力。交际型英语教学模式本着这一宗旨，从课内和课外等多个角度引入多元文化，在教学实践过程中高度重视学生的情感因素，发展学生对文化的敏感性与感知力，并最终让他们具备对文化的辩证分析态度与独立判断文化差异的意识，成功实现跨文化交流。

第二节　英语“输入—输出”教学模式

“输入—输出”教学模式的提出是为了培养适应国际经济发展和对外交流所需要的英语人才，其教学过程更符合英语学习的客观规律和学科特点，并且能够完善科学的教学大纲，培养学生学习英语的能力和建构英语思维的技能。

一、"输入—输出"教学模式的理论基础

"输入—输出"教学模式是以斯蒂芬·克拉申（Stephen D.Krashen）的"输入—假设"模式和斯温纳（M.Swain）的"输出假设"语言同化与建构理论及语言习得理论为理论基础的。

（一）输入假设和输出假设

美国著名的应用语言学家斯蒂芬·克拉申（Stephen D. Krashen）认为，"可理解输入"是第二语言习得的唯一途径，并提出理想语言输入应当符合"i+1"公式。这一公式的含义为，"i"为现有水平，"1"为略高于"i"的水平。教学的主要任务是提供充足的可理解输入，其中包括学生已经掌握的语言知识"i"，又包括新的语言知识"1"，而"i"和"i+1"之间的差距是学生学习的动力所在。语言输入材料的难度要稍高于学生现有的水平"i"，即"i+1"，学生为了懂得新输入的语言材料，会求助于以前的知识经验或利用语境、上下文等进行判断。通过努力，学生理解了语言输入中难以理解的成分，从而使语言习得取得进步。

斯温纳（M.Swain）提出了"可理解输出"假设。他认为语言学习过程中应强调语言输出的重要性。输出不仅可以提高语言的流利性，还具有使学生集中注意力、进行假设验证和自觉反思等调整自己学习策略的功能，从而提高学生使用语言的准确性。"说"和"听"同属一个语篇层次，"写"和"读"同属另一个语篇层次，其中"说"和"写"是输出形式，其特点可用"生产性"来表述。他认为，"说"和"写"的语言运用有助于学生检验语句的结构和词语的使用，促进语言运用的自动化有效地达到语言习得的目的。①

（二）语言同化与建构理论

1. 语言同化理论

所谓"同化"，即接纳、吸收和合并，为自身的一部分。同化理论的核心是相互作用观。戴维·保罗·奥苏贝尔（D.P.AuSubel）的"同化理论"强调，新知识的获得主要依赖认知结构中原有的适当观念，新旧观念相互作用的结果导致有潜在意义的观念转化为实际的心理意义，与此同时，原有认知结构也发生变化，

① 钱满秋．现阶段大学英语教学改革研究[M]．北京：北京理工大学出版社，2017：20.

这种变化既有质变又有量变。奥苏贝尔强调，必须通过新旧知识的相互作用来实现新旧知识意义的同化，进而形成更为高度整合的认知结构。

2. 语言建构理论

目前，学界认为社会建构主义教育论的要旨在于知识为个体所构建而非外部灌注。该知识构建过程是在同他者互动的情境下进行的，是社会相互作用的产物。

社会建构主义在语言教学中有着特别重要的意义。语言不过是学生学习学科知识的工具，但在语言学习中，语言就兼具工具和学习的属性。既然是学习工具，则语言习得过程就是社会建构过程，该过程具有建构特征和社会属性。而学习语言作为一种学习目的，则是对个人知识进行建构，这是因为知识是建立在语言基础之上的，而知识在心理和外在表征上又是通过语言这一中介来实现的。因此，语言学习并不只是对语言的研究，而是对其社会交往价值的挖掘。高效的教育实践以学生的积极了解为前提，教师这一中介者要为学生提供充满个人意义的学习体验与机会，让学生自主地建构知识，从知识中学会学习、学会独立思考、学会自主地解决问题，为其终身教育奠定基础。

（三）语言习得理论

该理论由美国语言学家斯蒂芬·克拉申（Stephen D. Krashen）于20世纪70年代提出，他认为人类掌握一门语言，主要包括两种途径：习得和学习。习得，即学生在对外交际实践过程中会不自觉地学习该门语言，并且会不自觉地、正确而流利地运用该门语言；学习，即个体自觉地研究一门语言，并用理性的方法去理解该门语言（一般指第二语言）。根据克拉申的“监控假说”，那些通过“习得”掌握一门语言的人，能很容易、很流利地使用这门语言进行沟通；那些通过“学习”掌握一门语言的人，则只能用该门语言的规则监控语言。

二、“输入—输出”教学模式的教学策略

为了提高课堂教学效率和质量，在英语教学模式改革中，必须根据所确定的教学原则，采取相应的教学策略，优化课堂教学过程。

（一）教师指导学生学会学习，体验习得

在学生英语思维能力发展的过程中，教师既要教会学生又要引导学生，也就

是说教师不仅要教授学生知识，而且还要引导学生学会学习、体验习得，强调向学生输入信息，指导他们操练语言输出和发展英语思维。例如：①教师对学生的课前预习进行有效的指导，以确保课堂效率；②教师讲课时将多个单元课文进行排列重组，让学生从整体上体会语言情境，通过讨论、对话、叙述和表演等，帮助学生进入创设的语言情境中并使其掌握语法。③在课下，教师可让学生聆听原声带以复现和体会课堂上学习的内容，也可让他们在网上查阅有关资料并在课下完成书面写作。④学生可以将文章写在作业本上，也可以写成电子稿通过网络发给教师，教师针对文章进行批改和指导，也可以让学生互相批改，还可以通过软件批改文章。

（二）引导学生完成知识联网，丰富和完善学生的英语认知网络

学生层次不同，教师要用不同的方法帮助他们联网。例如，A 层次的学生以自学为主，如讨论式、质疑式学习；对于 B 层次的学生，教师要有计划地帮助他们“滚雪球”式地逐步积累，要特别注意温故而知新。这样的方式给每个学生都创造了参与的机会。另外，学生的讨论、对话、表演要大量运用学过的词汇、句型，促使新旧知识间的自然相连，以达到积累、巩固的目的。

（三）课外学习的管理策略

教师可以推荐一些外文原版名著，让学生自读，并且鼓励学生与外国学生结交笔友。此外，还可以加强英语学习与现实生活的联系，经常摘录一些英文杂志的内容供学生阅读，鼓励学生收看英文电视节目，努力使学生的学习与日常生活中的各种信息结合起来。

三、“输入—输出”教学模式中存在的问题

与传统教学模式相比，“输入—输出”教学模式有一定的优势，但也有自身的问题。

（一）在实际操作中，语言的输入与输出仍存在不均衡状态

多数学生在学习过程中还存在着一些问题，如仅仅停留在掌握知识点的层面上，死记硬背一些重点语法、单词、句型等，没有很好地将所学知识转化为技能。

出现这种情况，主要有两方面的因素：一是在深度方面，学生掌握的知识点不充分，达不到数量的积累，难以实现质的飞跃；二是在广度方面，教师缺少由知识点讲解到技能转换的过渡环节。学生须完成听力与阅读两个输入环节，但是听力与阅读的数量还不够多，对口语与写作这两个输出环节掌握得也不到位，无法顺利地完成由听、读向说、写的转换。为解决这一问题，最有效的办法就是让学生在听、读两个先行环节中大量汲取知识，同时以说、写为主体，逐渐提高交际能力。

（二）可能造成学生两极分化的现象

这就要求教师必须关注差等生的学习，积极采取措施帮助他们，避免让这部分学生掉队。“输入—输出”教学模式是在大规模实施计算机辅助英语教学的初级阶段提出的，它既是一种大胆假设，也是一次勇敢尝试，而对于该模式下教学活动的具体设计和操作更是有待细化和研究的重要问题。任何一种教学模式都有自身的优点和不足，只有汲取各家之所长才能找到最合适的英语教学模式。

第三节 英语分级教学模式

英语分级教学模式本着因材施教、提高教学效果的原则，根据学生个体实际英语水平及其接受英语知识的能力，将学生划分为不同层次，在此基础上确定不同的培养目标，制定不同的教学目标、教学方案、教学计划、学生管理制度等，采用不同的教学方法进行教学活动，在讲课、辅导、练习、测验和评估等方面充分体现其层次性。总之，分级教学的最终目的是让学生在各自不同的起点上分别得到进步和发展。

一、分级教学模式的理论基础

分级教学是以克拉申“i+1”语言输入假设理论、学习迁移理论为理论基础的，下面具体讲述这两个理论的内容。

（一）克拉申“i+1”语言输入假设理论

美国著名的应用语言学家克拉申提出的“输入假设理论”为英语分级教学提

供了理论支持。“i+1 语言输入假设理论”与分级教学的相关性有以下两个方面的内容。

第一，从课程理论来看，“i+1”理论关注学习结果与目标实现程度，该理论集中体现了循序渐进的思想，即重视学习步骤、方法与过程。“i+1”理论既重视知识获取，又特别强调学生获取知识的途径，这是英语分级教学的本质与理论基础。

第二，从教学实践来看，分级教学就是针对学生不同的语言技能、认知风格、动机、态度和性格等个体差异实行不同的教学目标、教学要求、教学方法和教学评价。这与“i+1”理论的内涵是一致的。

（二）学习迁移理论

学习迁移，即在某一学习过程中所获得的经验体会对另一学习过程所产生的作用。学习迁移实质上就是将原知识应用到新的学习情境之中，凡是某种学习能促进另一种学习的，就叫“正迁移”，凡是某种学习对另一种学习产生干扰和抑制作用的，就叫“负迁移”。

众多理论学家针对学习迁移的问题提出了不同的看法，从而形成了各种各样的学习迁移理论，其中的“认知结构说”从心理学角度阐明了我国英语分级教学的必要性。

1. 认知结构迁移理论的内容

在奥苏贝尔提出的“有意义接受学习理论”的基础上，他又提出了认知结构迁移理论。根据奥苏贝尔的观点，学生的认知结构实际上是他们头脑中的知识结构。在认知心理学中，它指的是个体对先前知识经验所获得的有关事物、现象及规律等的表征方式。学生在应用原有知识、吸收新知识时，其认知结构的内容和组织方面的特征构成了认知结构变量。奥苏贝尔提出了三个认知结构变量，这些变量能够对新知识的学习和保持产生影响，通过操纵和改变它们，我们可以实现新的学习和迁移。

2. 认知结构迁移理论对英语分级教学的启示

从心理学角度来看，奥苏贝尔的认知迁移理论为我国实施英语分级教学提供了理论支持。该理论认为，学生对原有知识的理解、巩固和可辨别性越高，学生的认知结构就越具有系统性、清晰性和稳定性，从而有助于学习的正向迁移。因此，将具备相当知识掌握水平的学生整合到一起，精心设计教学内容，以适应学生的学习能力，从而推动学习的正向迁移，确保学生的学习进程顺畅，最终实现教学效果的最大化。

二、分级教学模式的原则

制定教学原则是基于教育目标和教学过程的客观规律，是教学过程中必须严格遵循的基本要求和指导思想。它不仅反映了教学活动的基本规律，也为教师进行科学施教提供依据。在教学过程中，分级教学是一种逐步推进和因材施教的教学模式，是确保教学任务顺利完成的重要保障。

（一）循序渐进原则

宋朝时期，朱熹总结了一套循序渐进的原则，这一原则在当时被广泛应用。在《朱子大全·读书之要》中，朱熹记载了他的读书方法，主要有“循序而渐进，熟读而精思”“未得乎前，则不敢求其后，未通乎此，则不放志乎彼”。这就是我们常说的分级教学法。教师在传授各门学科的基础知识时，必须遵循学科知识体系的内在规律和顺序，同时采用适合不同年龄阶段学生接受的教学形式，以实现循序渐进的教学原则。通过分级教学，教师能够在学生已有的英语知识体系基础上进行教学，并采用符合他们需要的教学策略。唯有教师巧妙地运用教学方法，方能引导学生逐步提升语言知识和技能水平，从而实现学习上的渐进式的进展。

（二）因材施教原则

因材施教原则是指教师要从学生的实际出发，有的放矢地进行教育。孔子是因材施教的首创者，《论语·先进篇》中有记载：“柴也愚，参也鲁，师也辟，由也喭。”朱熹在《论语集注》中将其概括为“孔子教人，各因其材”，由此产生了因材施教的说法。由于教育、环境、学生本身的实践等方面的不同，学生之间必然存在差异性，所以教师在教学的时候必须充分考虑这种差异性，一定要具体情况具体分析。随着教育的普及，越来越多的学生有机会进入学校学习，但不能忽视的一个事实——学生的英语水平参差不齐。如果把英语水平悬殊的学生安排在同一班级，教师则难以根据学生的特点和个性进行因材施教，很容易出现成绩好的学生“吃不饱”、成绩差的学生“吃不消”的尴尬教学局面，结果只能是“教师白费力，学生不受益”。而分级教学从学生的实际情况出发，承认个体差异，为每个学生的充分发展提供了条件。

三、分级教学模式的实施

（一）合理、科学地分级

分级教学是根据不同的级别而制定不同的教学目标，不要求所有的学生达到同一目标。因此，级别设置得科学与否，是分级教学能否最终实现教学效果的前提。为了做到统一考核分级的科学性，我们需要有科学的分级试题和分级标准。分级试题应以考试范围规定的各级词汇量为基础，设题要有层次，基本题和拔高题均要涉及，同时逐年积累多套成熟的分级试题。分级标准应采取个人意愿与统一考核分级相结合、实际水平与考试结果相结合的原则。另外，为了调动学生学习的积极性，将学生分为 A、B 级两级班比较合理。利用周末的时间为 B 级班中基础较差的学生补课，由此可缓解基础较差的学生的心理压力，不少 B 级班学生中的差生增强了学好英语的信心，到了期末能和 A 级班的学生在同一起跑线上进行竞争。

（二）提高分级的区分度

部分学校的分级标准是基于学生的成绩和摸底测试的得分而制定的，然而，每一次分级后，有些学生因为微不足道的差异而未能进入 A 级班，这种微小的差距难以反映他们的真实英语水平。因此，为了提升分级标准的区分度，教师可以采用双向选择的方式，让学生自主地参与分级过程。在此过程中，教师要引导学生学会从多个角度分析问题，从而确定适合每个人的目标等级，可以依据学生的摸底测试成绩，公布各目标级别的不同起点，以及听、说、读、写各方面的学习要求和最终目标，要求学生根据个人学习兴趣申请相应的级别，最终由学校进行审定。这种方式不仅有利于教师对每个班级进行有针对性的指导，而且更重要的是激发了学生主动学习英语的热情，使他们从“要我学”变为“我要学”。

（三）贯彻好升降级调整机制

按照选拔和自愿的原则，定期对学生的级别进行调整，以使其级别随着学习兴趣、成绩和能力的变化而进行相应的调整，这就是升降级调整机制。它既可以保证尖子生脱颖而出，又可促使后进生不断进步。对于后进生的降级，教师应该对后进生施加相应的压力以达到更好的效果；对于进步者的升级，教师应该给予相应的奖励以不断提升学生的学习成果。

（四）制定科学的评价标准

在分级教学模式下，为了评估教师教学效果，通常会采用不同难度级别的试卷，然而这种做法容易导致英语水平较高的学生英语成绩低于部分水平较低的学生。针对这一现象，可以在分级教学的考核管理上增加平时表现在总评成绩中所占的比重，加强试卷命题的科学性，然后利用形成性评价与总结性评价相结合的方式来确定最终的成绩。此外，还可引入加权算法，即根据各级别试卷的难度水平，制定一个科学的系数，以整体调整 A 级班或 B 级班学生的成绩。

（五）尽量避免负影响

分级教学作为一项改革中的新兴事物，其组织和管理存在部分内在缺陷和不足。例如，分级教学效果将受到组织管理操作过程、学生考勤、学生情绪心理和思想意识等的影响。因此，为了最大限度地发挥分级教学的优势并避免其可能带来的负面影响，教育管理者必须制定相应的规范制度，并积极推广。

四、分级教学模式的优点

在我国英语教学改革中，实施分级教学被视为一项具有重大意义的措施，主要体现在以下三个方面：第一，促进教学基本要求的贯彻落实，培养学生在日常涉外交际活动中运用英语进行口头和书面信息交流的实际能力，以满足我国经济发展和国际交流的需求；第二，满足不同英语阶段的学生在求知方面的需求，为他们提供一个更好的平台，以展示他们的英语才华，并充分发挥他们各自的优势，从而顺利完成英语基础阶段的学习，全面提高他们运用语言的能力；第三，分级教学的实施彻底解决了“教”与“学”之间的失衡问题，彰显了以学生为中心的全新教学理念，从而将英语教学从低效、耗时的状态转变为高效、省时的状态，实现我国英语教学从传统的教学模式向现代教学模式的转变。

五、分级教学下的学习焦虑问题

分级教学打破了传统的以专业为基础的行政班级教学模式，导致学生之间的陌生感和交流障碍激增；同时，分级教学的升降级制度又会使部分学生承受更大的心理压力。由此可见，分级教学所引入的竞争机制使各个层次的学生出现了或多或少，或长期或短期的心理压力和焦虑情绪。

（一）学习焦虑的表现

在学习英语知识的过程中，学生会产生一种自我意识、信仰、情感和行为的情结。这种情结是在课堂语言学习这种特定情境下产生的，被称为“学习焦虑”。当前学界普遍认为英语的学习焦虑大体表现为以下三种形式。

1. 交际畏惧

学生在进行真实或预期的交际活动时，会产生一种心理上的恐惧或焦虑，这种心理状态被称为“交际畏惧”，通常表现为交际回避和退缩。

2. 考试焦虑

考试焦虑的根源在于对考试失利的惶恐，这是学生因为担心在考试中表现不佳可能带来的各种负面影响而产生的一种心理上的恐惧。

3. 负评价恐惧

负评价恐惧多以预期心理形式出现，是指学生由于别人可能对其作出负面评价而产生的畏惧感与沮丧情绪。

（二）分级教学导致学习焦虑

分级教学对传统的英语教学方式进行了一场以引入竞争机制为中心的革命。因此，分级教学会导致学生在学习过程中产生新的焦虑。

第一，学生在初学英语前首先要面对的是分级考试，而面对这种评判英语水平的考试，学生会表现出不同程度的考试焦虑。

第二，对许多学生来说，分级教学可以让那些本来在其他课程中就与他们水平差不多甚至还不如他们的同学进到更高一级的英语班级。以往只在一个班级内部存在的某一门学科学习水平的差异，会因分级教学而扩大到整个学院乃至整个学校，他们将因此遭受“自己比别人差”乃至“其他人也许瞧不起他们”等负面评价的恐惧感。

第三，在分级教学模式实施过程中，学生除需要面对随着期末考试而带来的升级或降级压力，还需要适应新的班级同学、授课教师和教学风格等。

第四，分级教学将让部分学生提前完成学分，按照个人兴趣选择部分课程，从更高的层次提升英语水平，而这种机制的调节将导致学生的心理失衡。

第五，课堂活动形式、教师的教学观念与方法、师生间的沟通、教师改正错误的途径等外在因素，对学生语言学习的焦虑也有影响。

第六，学生自尊心、竞争适应力及学习模糊现象，均会在一定程度上影响学生在语言学习过程中的焦虑心理。

（三）学习焦虑对分级教学的启示

焦虑是英语学习过程中不可避免的一种情感因素，在进行英语分级教学时，教学管理人员与教师应该根据不同水平学生产生焦虑的特定原因，采取相应的措施，尽量减少学生产生焦虑。分级教学之初，教师要先使学生充分认识和理解推行英语分级教学所需要的条件和已达到的教学效果。当学生对这种教学模式有了充分的了解之后，就不会对这种新的教学模式产生排斥心理。

教学管理人员在分级教学时要坚持“两头小，中间大”的原则。“两头小”是指分入较高级和较低级班级的学生的比例要小；“中间大”是指分入中间级别班级的学生比例最大。

分级教学时，授课教师重视、了解并及时疏导学生的焦虑心理，有助于降低学生的焦虑感，提高教师的教学效果。

构建融洽的师生关系、增进师生间的情感交流和相互理解是降低学生英语学习焦虑的有效途径。总而言之，教学管理者在分级教学中的各种减压措施，均有助于学生在分级教学之后减少或逐步克服焦虑，使其优势得到更充分的发挥。

第四节　英语网络教学模式

随着计算机网络技术在英语教学中的应用不断深入，网络教学模式在具体操作过程中积累了各种经验和教训，而这些都促进了对网络英语教学理论和实践的深入探讨和研究，从而有助于解决当前实践中的问题，也为今后的发展指明了方向。

一、英语网络教学模式的定义

为了对英语网络教学模式进行界定，必须先弄清楚模式与教学模式之间的概念区别。模式是根据一定理论基础来表征现实活动与过程的模型或形态，它代表着客体（教学对象）活动的结构或过程范型，因此既有某种对象活动结构或过程（所谓的表象），也有内涵（理论基础），其本质是理论和实践所构成的某种概括模型。而教学模式是以学习环境设计的理论和实践框架为导向，为了实现某种教学目标所建构起来的教学活动结构和教学方式。

以上两个概念，张红玲等学者对英语网络教学模式作了如下的定义，英语网络教学模式是在一定教学思想和教学理论的指导下，依托计算机网络技术，为达成一定的教学目标而构建起来的较为稳定的教学结构框架和教学方式。[①]

二、英语网络教学模式的理论基础

任何教学模式的建构都必须依据一定的教学理念和理论，英语网络教学模式也不例外。

（一）语言监控理论

随着网络技术和资源辅助英语学习的趋向越来越明显，研究者纷纷从不同角度来研究和探讨网络技术对英语学习辅助作用的理论基础，其中克拉申的第二语言习得理论中的语言监控理论是研究使用网络技术辅助英语学习必须依据的原理之一。

语言监控理论认为，在第二语言习得中，“习得”比“学习”更重要。为了能够习得语言，必须具备两个条件：一是能够理解的语言材料应该是“i+1”，即学生在现有的语言水平基础上略提高输入，且输入应该能被学生所理解；二是心理障碍应该少，这样才能使输入易于吸收。克拉申认为，第二语言习得有两方面

① 张红玲．计算机辅助外语教学常态化：问题与对策[J]．中国电化教育，2010（10）：105–110．

的途径：一方面是学生把注意力有意识地集中在目的语的形式特征上，即有意识地学习；另一方面是学生运用下意识的过程，在运用目的语进行真正的交际时，注重的是意义而不是语言形式，即潜意识的习得，习得是主要过程，而学习只是以“监控者”的身份运用自己学到的语言对所说的话起到一种监控和修正的作用。①

克拉申的第二语言习得理论中的语言监控理论所强调的输入语、习得、降低情感障碍的思想对于第二语言习得研究者有很大的启发。因此，把克拉申的语言监控理论运用于英语网络教学，探讨语言监控理论与英语网络教学之间的关系，以及基于此理论指导下的网络教学模式应该怎样进行，是非常有必要的。

（二）输入假设理论

在克拉申看来，大量的语言输入对于语言习得机制产生的影响是至关重要的，另外他还强调了这一语言输入的有效性。有效的语言输入应该具备可理解性、趣味性、非语法程序安排、足够的输入量等特征。另外，在他看来，语言输入的资料完全被习得者轻易了解是并不可取的，这样就起不到激发学生学习兴趣、调动学生学习积极性的效果。

克拉申尤其强调语言习得来源于理解信息——接受理解性输入。也就是说，学生必须能理解所输入的语言材料，而且这类材料也不能太过庞杂，否则他们只关注语言的形式而不关注其交际的含义。学生一旦把主要精力投入对语言结构及其复杂概念的理解中去，语言输入便会不同程度地丧失其真正的意义。

网络教学模式的形成与我国英语学生在某一阶段的语言输入环境有关，体现学生对语言输入的要求。与传统课堂相比较，网络技术所提供的庞大资源库及与教学软件有关的多种链接，大大弥补并拓展了传统课本从内容到形式上存在的缺陷，为学生提供了广泛的学习空间。

（三）建构主义教学理论

20 世纪 60 年代，瑞士学者让·皮亚杰（Jean Piaget）提出“建构主义”这一概念，其属于认知心理学派的一个分支。建构主义教学观在知识和教学主体作用等问题上，与传统教学观存在着分歧。传统教学观认为，教育旨在将前人习得

① 陈昌来．对外汉语教学概论[M]．上海：复旦大学出版社，2005：129.

的知识传授给学生，学生只是被动地接受了知识；而建构主义教学观认为，学习是建立在学生已有知识与经验之上的建构活动，每一项新的学习活动都与学生已有的知识和经验直接相关。建构主义理论倡导的学习不是由教师将知识传递给学生而是由学生自己建构知识，学生不是被动地接受信息的刺激，而是主动地参与新信息的认识与理解。

从上述理论可以看出，建构主义教学理论强调在原有经验、心理结构的基础上构建知识，着重强调学习的主动性、社会性与情境性。

教学理念和教学理论是网络教学模式的灵魂，也是构建网络教学模式的基石所在。但历史发展的实践过程和逻辑论证都表明，没有哪一种教学理念或理论是完全正确的，每种理论都有优点和不足，都有其适用的领域。因此，我们在确定网络教学模式的理论指导之前，首先要正确理解各种思想理论的优点和不足及其所适用的教学环境，然后根据自身的教学条件作出合理的选择。

三、英语网络教学模式的分类

基于不同的分类标准出现了不同的英语网络教学模式的分类。每一种分类都有依据和特点，这里以网络英语教学模式的教育学基础为出发点，以我国教育技术专家祝智庭教授提出的信息技术环境下教学模式类型为参考，来探讨英语网络教学模式的分类。①

（一）网络自主接受模式

网络自主接受模式一般由三种要素构成：学生个体、学习内容（指的是网络课件，通过网络传输的由计算机作为媒介呈现的图文、声像等语言材料）、内容学习指导者（指的是计算机和教师）。

网络自主接受模式所传递的主要是客观类的知识和技能，训练主要以选择、填空、拖动配对等具有明确答案形式的问题为主。通过设定计算机的识别和反馈程序，可以自动批改和纠正学生的错误并提供解答。另外，还可以设定计算机程序，使之自动探测学生的学习背景和学习风格等，然后为其提供适合的学习材料

① 刘爱军．网络环境下大学英语合作学习模式的构建[J]．中国电化教育，2011（6）：109–112．

和学习路径，等等。这里我们可以把计算机称为“智能导师”，因为它实际上扮演了教师的角色。而对于学生在学习过程中遇到的各种问题，尤其是一些个性化的难题，以及人际情感沟通方面的问题，则需要教师通过网络交流工具如学习论坛，来帮助学生解决。

（二）网络自主探索模式

网络自主探索模式一般是由学生个体、任务和提问、参考资源和教学指导者等要素组成的。该模式下，学生以实现自身语言应用能力的发展为主要学习目的，以完成某一具体、完整的语言任务或针对某些问题阐明自己的观点作为学习的主要内容。在整个学习过程中，一方面学生可以查阅网络资源或图书列表；另一方面教师会通过电子邮件、论坛等交流工具检查并督促学生的进度，指导学生自己解决遇到的问题并给予必要的评价和总结。

（三）网络集体传递模式

网络集体传递模式一般由学生群体、学习资源和教学指导者等要素组成。这一模式一般有两种教学过程：其一是完全虚拟的网络课堂，教师和全体学生在约定的时间登陆属于他们的网络班级，教师通过虚拟网络课堂对新课知识进行讲解，并组织学习实践、研讨等，对于学生的提问给予必要的反馈和指导；其二是自学加集体指导，学生选择自己方便的时间自主观看教师布置的学习资源，然后教师通过网络实时教学系统为学生提供集体指导、讲解和答疑。

（四）网络协作探究模式

网络协作探究模式的一般构成要素包括以下四个方面。

第一，学生小组。在小组中，学生可以进行小组自主分工、协作计划的制订及经常性的自查、方案的完成、讲话的总结、工作的提交等。

第二，任务和项目。这是网络协作探究模式的核心要素，主要教学理念是让学生运用目标语言进行语言合作，并完成比较复杂的项目或工作，增强其语言综合应用能力及团队协作能力。

第三，教学指导者。这里的教学指导者即教师，在项目或任务的完成过程中教师应给予学生必要的引导。该教学模式旨在建构虚拟的任务情景，并在此情景下协助学生通过运用目标语言的方式提升其英语水平。

任务和项目的选择由学生的兴趣和其掌握语言的程度而定，如果学生小组的语言应用水平比较低，那么在设计任务、项目时也要与学生的语言能力水平相适应，不能相差太远。

第四章　英语教学模式改革创新

英语教学为人才的培养、社会的发展作出了重大贡献。然而，语言是随着社会的发展而不断演进的，相应的英语教学模式与水平也要在当前的时代背景下进行调整与提高。因此，探讨英语教学模式的创新成为现今英语教学的重要课题。本章主要从英语词汇与阅读教学模式改革创新、英语语法与听说教学模式改革创新、英语口语与写作教学模式改革创新三个方面介绍了英语模式改革创新。

第一节　英语词汇与阅读教学模式改革创新

一、英语词汇教学模式改革创新

词汇是语言的建筑材料。词汇不是孤立的存在，而是系统的存在。一方面，构成词汇的要素有单词发音、词形和词义；另一方面，词汇又与语法、句型和语篇结合，通过文字符号的操作即听、说、读、写活动实现意义的通达。由于词汇与相关结构相互作用才能实现语义的建构，所以词汇的理解、词汇的习得和词汇的使用是一个非常复杂的过程。语言从某种角度来说就是对词汇的使用，而词汇的顺序组合就是英语语言的表达形式。可见，词汇在英语教学中的重要地位。

（一）英语词汇教学的意义

如果把结构看作语言的骨架的话，那么词汇就是血肉，词汇的重要性可见一斑。但词汇学习是一件异常艰苦的事，它记起来很难，忘得却很快，对于许多学生来说，最困难的就是词汇的累积与拓展，词汇学习常常成为初学者的拦路虎，浅尝辄止、半途而废者比比皆是。所以，词汇学习是语言知识教学的重点和关键。

（二）英语词汇教学的原则

我们在英语词汇教学中坚持的原则有情境原则、多样化原则、复现原则、策略原则、自主学习原则。

1．情境原则

教师尽可能多地使用生动、直观的手段教学，用语言习得的方式教学词汇，省去不必要的翻译环节。对在词义、用法、搭配方面不容易把握的词，教师要结合句子、情景等展开教学，帮助学生在语境中练好、用好已学过的词，切忌死记硬背。

2．多样化原则

单词呈现和学习的方式应多样化、多元化，教师的教学方法要新颖、生动、有趣，使学生易于记忆，便于联想。

3．复现原则

学生有必要对已经学过的词汇进行频繁的复习和巩固；教师有必要提高生词在课堂或者课外阅读时的复现率，以减少学生遗忘情况的发生。

4．策略原则

英语老师在教学过程中应重视对学生进行词汇学习策略的训练，帮助其养成词汇学习的好习惯。

5．自主学习原则

英语老师应该培养学生查字典的技能和习惯，逐步培养其自主学习的能力。

（三）英语词汇教学的内容

英语词汇的习得是一个逐步深入的过程。英语词汇学习的特点决定了学生词汇学习量的多少及词汇难度的高低，进而影响教师词汇教学进度的快慢。词汇教学所涵盖的领域十分广泛，掌握词汇，通常包括四个方面的要素：词义、用法、词汇信息和词法。这些要素共同构成了一个完整的词汇体系，其中词法属于语法范畴，而词义是词汇的核心问题。一般而言，个体所掌握的词汇可分为两类：一类是积极词汇，另一类则是消极词汇。在英语中，积极词汇通常由两个以上不同意义的词组成，具体涵盖口语和写作中所使用的惯用词汇和短语，而消极词汇则是指在阅读报纸、杂志、书籍等时所积累的词汇量的总和。积极词汇是人们在日常生活中使用频率很高的词汇，被称为“具有主动性的词汇”或“活用词汇”，消极词汇则被称为“应接性词汇”或“领会性词汇”。

积极词汇与消极词汇是两种不同的语言单位，但在使用上却是经常接触到的。若运用英语进行口语和写作，则必须掌握一定数量的积极词汇，而若理解或解读英语口语和资料，则必须掌握一定数量的消极词汇。在英语学习过程中，积极词汇和消极词汇是相辅相成、相互渗透、相互促进的关系。教师的主导作用在于协助学生进行大量的词汇练习和复习，致力于推动消极词汇向积极词汇转化，拓展学生的词汇量，促进学生听说能力和读写能力的全面提升。

新课标共收录了3300个单词和360个短语，其中还明确规定了学生应学习使用1000—1100个新单词和一定数量的短语，累计掌握3000—3200个单词，可见这些词汇和用语都是积极词汇，必须认真学习，积极掌握。

（四）英语词汇教学存在的问题

英语词汇教学的问题随着教学的存在而存在，也随着教学的不断深入而得到改善和解决。英语词汇教学的困难表现在词汇的记忆方面，而问题的根本成因在词汇的运用。目前，词汇的教学主要存在如下一些问题。

第一，初次教词汇时不注意语音的准确性，尤其是重音问题，使得学生未能掌握好词汇的发音，甚至用中文谐音进行标注。由于英语单词语音与拼写有一定的相关度，这样久而久之，必然会带来听辨和理解上的困难。

第二，教师对母语有严重的依赖感，一旦发现学生不能理解英文意思，即刻便会说出中文意思，使学生产生学习的惰性。

第三，集中学习单词，或单独进行专项记忆，学生记忆词汇依靠死记硬背。教师既不提供语言情境，也没有提供上下文的联系，随后缺少相应的复学或巩固。词汇教学的方法呆板、单一，词汇复现率低，从而影响学生词汇能力的发展，使学生词汇的运用水平处于比较低的水平，并无法将被动的词汇转化为积极的词汇。

第四，学生不能使用词典等辅助工具进行自主学习，对教师的依赖性强。

第五，因没有与词汇学习相对应的课外阅读材料和口头或笔头的作文训练，使得学生所学词汇的复现率低，遗忘率高，学习成效不明显。

（五）英语词汇教学新模式

英语词汇教学的效果直接与词汇教学策略有关。从词汇教学的过程、结果和内外条件来看，词汇教学是策略的存在。词汇的学习和积累与记忆的理解和运用紧密相关。当前所创新研究的常用的词汇可分为词汇记忆、词汇呈现、词汇复习和巩固等方面。

1. 词汇记忆

词汇学习的一大难点即容易遗忘，为了制定有效的词汇教学策略，教师必须先深入了解词汇记忆的独特之处。在记忆词汇的过程中，要让新学词汇深入学生的记忆，必须激发学习者的内在动力和自我投入的欲望。若能熟练地运用所学词汇，对其语义和用法的记忆将比单纯地听、读和翻译更为轻松、有效。研究结果表明：第一，分散记忆方式比集中记忆方式更有效。例如，对于一列单词分六次记忆，每次进行十分钟，其记忆效果将超越一次学习六十分钟的效果。第二，记忆要求记忆者有智力、情感等多方面的要素输入。速度过快不过是流于形式，容易产生“左耳入，右耳出”的效果。因此，单纯地倾听或者大声地朗读的效果很低。第三，在学习上越积极，效果越好。也就是说，学习者需要采取积极的行动。例如，参加“全身反应法”课堂活动，对词汇学习与记忆会有帮助。第四，学生每次只能同时联系一种形式和一种功能，这就要求教师不要同时介绍含有多种词义的单词。第五，学生很容易把意思或者结构上相同或者相似的词混在一起，他们往往对同义词的辨析感到头疼。第六，学生对单词学习和记忆产生需求或感兴趣是十分重要的。在面对与自己毫不相干或不感兴趣的词汇时，学生的学习欲望就会降低，进而影响词汇记忆效果。

2. 生词呈现

为了提高生词的记忆和呈现的效率，我们在教学中常采用如下方式。

第一，采用实物、图片、简笔画、模拟动作表演、手势等方式呈现词汇，避免翻译。将所学单词同其相应的意象（如物体、动作、人物、声音等）直接联系起来，可以减少母语的干扰，有助于目的语思维习惯的养成，有利于记忆技巧的培养，如“This is a clock. (Show the picture or mould or by a particular scene)”。

第二，提供上下文的情境或定义，即从语境中学习词汇。将所要记忆的词汇置于上下文中，在词汇之间建立语意联系，让学生猜出意思。这样，记忆不仅准确，而且会长久。如教 well 的同时，可以给出句子：“Don't forget who dug the well when you drink water from it.” 教 clock 一词，可以给出如下定义：“A clock is an instrument，which tells the time.”。

第三，用同义词或反义词解释新词。如用 wonderful 引出同义词 terrific，用 warm 引出其反义词 cool 等。

第四，利用词根、词干、前缀、后缀、转化、合成，学习记忆并扩充新单词。有人统计，如果一个人学了 80 个英语词根和 50 个词缀，那么他就可以掌握 10 万个以上英语单词。如能将同一词的所有派生词一起记忆，记忆则会变得轻松。如拉丁词根“cent”意为“one hundred”，所以“century”就意为“aperiod of 100 years”；“truth”可派生出 truthful，truthfulness，truthfully，untruth，untruthful，untruthfulness，untruthfully 等多个单词。学了 hit 的动词用法再学它的名词形式及用法就比较容易，这就是词性的转化。因为学生已学过 on，line，再学 on-line 就比较容易，这是合成词的迁移学习法。若再将这些同根词融入一个语境中，不仅可以记住词的含义，还可以弄清楚其用法，因为有了参照物如“The manager managed to conduct effective management of his business with his managerial skills.”。

第五，在语词组块中教学英语单词。如教 come across 时，要将它们置于具体的句子中，用其他同义、近义的词汇进行解释，而不可单独解释其中的任何一个词。

第六，对于较抽象的词汇或专有名词可采用解释或翻译方式。如 X-ray 意为“X 射线”，virtue 意为美德等。

第七，及时发现学生可能误解和疑惑的词汇，重点进行呈现和讲解。

3. 复习巩固单词

（1）利用语义关系复习词汇

第一，用语义场所形成的系统记忆单词。语义场是词汇根据其意义的内在联系而形成的一个系统。将词汇根据需要分成多个小系统，这样有利于整体记忆，扩大词汇量。如 color system，animal，food，vegetable，fruit 等语义场可帮助学生尽可能多地回忆词汇，这样特别有利于表达时词汇的使用和替换。

第二，利用聚合关系和组合关系记忆词汇。

第三，利用词和概念的上下义关系记忆单词。如 animal 与 bird，fish，insect 等词形成上下义关系。

第四，利用同义关系记忆单词。如 large—big，fall—autumn，hide—conceal，daddy—father。

第五，利用反义关系记忆单词。如 Male—female，true—false，alive—dead，wide—narrow，old—young，hot warm—cool cold，up—down，north—south，come—go。

第六，利用概念全体与部分的关系记忆单词。

第七，利用构词法如词根、词干、前缀、后缀等复习相关词汇。

（2）利用信息沟开展呈现单词的活动

第一，贴标签记单词。学生用所学的英语单词给图片中的有关物体贴上标签，完成最快、正确率最高的视为胜者。

第二，示图记单词。该活动由学生配对完成，学生在拿到不同的图片之后，通过问答，用英语说出各自图中所示不同的物品名称。

第三，说说画画记单词。该活动由学生配对完成，一位同学根据所给词汇，描述其特征但不能读出该词，另一位同学判断并说出该词。

（3）游戏记单词

第一，字母接龙游戏。每一短横表示填一个字母，每个单词最后一个字母是下一个单词的首字母。

第二，配对成词游戏。将词一分为二，让学生将它们配对连接。

第三，找词游戏。在一个词或一串字母中找出尽可能多的词汇。

第四，“抓特务”辨词游戏。从每组中挑出不同类的单词。

第五，猜谜记单词游戏。

第六，宾戈游戏记单词。这是特别常见的一种游戏，可以经常改变需要复习的词汇，灵活且便利。

第七，下棋游戏。教师可模仿跳棋、飞行棋等棋类自行设计一些小型的英语棋盘，要复习什么词，就可填在有关空格中，便于各种词汇的强化和巩固，会成为学生课外爱不释手的游戏。

4. 其他教学模式

（1）找到词汇变化

如将 fly，teach，lose，come，break，rise 去分词形式归到不同模式中去。

（2）词汇的联想

这不仅是复习单词的好办法，也是培养发散性思维的好形式。

（3）词汇网络图

利用词汇网络图，让学生根据相同的分类将有关词汇归类。

（4）语料库的利用

利用语料库检索某个词汇，便于学生观察和归纳词汇的用法，做到举一反三，温故知新，知新又温故。

（5）唱童谣和歌曲记单词

通过唱童谣，使那些词汇读起来朗朗上口，既轻松愉悦又容易记忆。如：

Show me your pencil.

Show me your ruler.

Show me your eraser

Show me your crayon.

Show hie your pen.

学生一边唱歌，一边做动作，既巩固了所学的新词，又激发了记忆单词的积极性，优化了记忆的过程，避免了死记硬背，又提高了记忆效果。因为有节奏伴随，内容会很容易被记忆。如：

Teddy Bear，Teddy Bear，touch your nose.

Teddy Bear，Teddy Bear，turn around.

Teddy Bear，Teddy Bear，touch your head.

Teddy Bear，Teddy Bear，touch the ground.

（6）翻译记单词

适当使用翻译手段有助于词汇的学习和记忆。例如，靠母语注释来学习、记忆词汇。可以用单词卡片一边写目的语、一边写母语，通过交替翻译的方式提高记忆效率。

（7）分类记单词

分类是复习中行之有效的方法，分类是把同类型词汇按照语义、用法、成分、搭配等归类组合起来。分类记忆既符合人的记忆习惯，又符合记忆规律。如：

①搭配：widely travelled；rich and famous；set the table。

②动词短语：get up；log on；run out of。

③成语、俗语等：hell for leather；get cold feet；mind your own business。

④客套语：See you later；Have a nice day：Yours sincerely。

⑤语篇的衔接语：frankly speaking；on the other hand；I take your point。

二、英语阅读教学模式改革创新

阅读作为语言学习的基本技能之一，不仅获得了信息和乐趣，更是巩固和扩大目的语知识的重要途径。在世界经济全球化背景下，英语在国际通用语言中的重要性日益凸显，所以阅读技能的学习与传授理所当然地成为重点，而有关阅读过程和阅读教学策略方面的研究在这种情况下也日益凸显。

阅读是主动积极地对信息进行思维理解与接受的过程，是一项复杂的智力活动。阅读包括两个明显的发展时期，一个是对文字符号进行识别的感性认识时期，另一个是对内容进行理解和对信息进行吸收并进行创造性思维解码的理性认识时期。英语阅读教学以发展交际性阅读能力为主，有效地获取书面信息，并对此信息进行分析、推理和评价，以实现交际的目的。

（一）英语阅读教学的原则

鉴于上述对影响学生阅读能力的因素分析，为了达到阅读教学的目标，保证阅读教学的有效开展，要遵循以下五个原则。

1. 兴趣激发原则

学生对阅读是否产生浓厚的兴趣是阅读教学成败的关键。有了兴趣，学生才能产生积极、主动、热烈的学习情趣。教师要注意教学内容的适当变换和教学形式及手段的多样化，尽量避免教学活动的枯燥乏味，从而激发学生的阅读热情和兴趣，使阅读教学经常保持新鲜感，使学生学会阅读，乐于阅读，变被动阅读为主动阅读。

2. 层层设问原则

层层设问原则主要是指教师在阅读教学中提出的问题应该具有层次性，一环扣一环，逐步揭示文章的主题。例如，教师在讲解Thomas Edison这篇课文时，可以提出如下问题。

① Who was Thomas Edison?

② When Thomas Edison was five years old, he sat on some eggs one day, didn't he? Why?

③ Why did Edison's teacher send him away from school?

④ How do you think about Thomas Edison? Why?

⑤ What can we learn from the text?

这五个问题由浅入深，层次分明，学生根据教师提出的问题，想方设法地化难为易，在解决问题的过程中，掌握所学知识，逐步理解文章内容，并提高自己的分析理解能力。

3. 循序渐进原则

阅读教学目标的完成不会一蹴而就，它是一个循序渐进的过程，需要一个合理的总体设计和长远规划。教师应该在材料选择、任务确定、阅读方法及阅读教学的反馈等诸方面作出全面、细致的考虑，并鼓励学生寻找适合自己的阅读方法，积极引导学生采用适合自己的阅读方法去完成既定的阅读任务。

4. 速度调节原则

阅读速度不一定等于理解能力。有的人阅读速度快，可是理解能力差；也有的人阅读速度慢，理解能力也差。针对这些学生，应加强一般阅读技能的训练和语言的基础知识，而不宜加快阅读速度。教师应根据教学的进程设置不同的阅读速度，在阅读教学进行之初，可以放缓阅读速度，注重的是对材料进行有效的理解。并且慢速阅读有时也是一种需要，如对于诗歌、散文、小说等，应该细细地品读，深入地分析、领会，认真思考、品味、评价和欣赏。随着词汇量的扩大，语义、句法知识的增加，语感的增强和阅读技能的提高，阅读速度也会随之加快。这个阶段就应该进行相应的限时训练，加强训练的强度，进而完成阅读教学的目标。可以说速度调节原则就是要求教师在阅读教学过程中做到张弛有度，根据不同阶段的教学目标作相应的调整。

5. 因材施教原则

由于学生之间存在着个性差异，所以学生学习阅读的进程有所不同。因此，教师应注意满足不同水平学生的特殊需要，力争使每个学生都能相应地发展阅读技能。例如，有的学生阅读成绩不佳，进而自暴自弃，对于这类学生，教师可以先给他们简单的阅读材料，并逐步增加难度，让他们看到自己的点滴进步，还要经常表扬、鼓励他们，帮助他们树立战胜困难的决心和取得进步的信心。而有的学生基础好，学习兴趣浓厚，课堂上的阅读常常满足不了他们的阅读欲望，针对这类学生，教师应向他们介绍和推荐世界名著等读物，布置一些富有挑战性的阅读任务，以满足其阅读欲望。总之，教师应根据每个学生的特点，认真分析，并将其分类，在教学中有意识地对其提出不同要求，采取不同方法，从而做到因材施教。

（二）英语阅读教学的内容

阅读教学的内容包括培养学生的各种阅读技能，大致包括以下这些方面：辨认单词，猜测陌生词语，理解句子之间的关系，理解句子言语的交际意义，辨认语篇指示词语，通过衔接词理解文章各部分之间的意义关系，从支撑细节中理解主题，将信息图表化，确定文章语篇的主要观点或主要信息，总结文章的主要信息，培养基本的推理技巧，培养跳读技巧。

（三）英语阅读教学中存在的问题

1. 教学观念上的问题

许多教师重视对知识的传授，轻视对阅读理解能力的培养。在阅读教学中，教师往往是讲解生词，逐句逐段地进行分析，然后核对答案，并没有培养学生的阅读理解能力。事实上，阅读是语言技能的一部分，阅读能力的培养有助于学生提高分析、思考及判断的能力，拓宽视野，激发学习兴趣，提高人文素养，进而提高学生综合运用语言的能力，因此有必要对该问题予以重视。

2. 教学方法上的问题

目前的教学方法没有很好地体现英语教学标准，突出学生的主体作用，使得学生没有参与的热情，难以形成良好的阅读习惯。尤其是教研氛围不浓的老师，对阅读教学研究不够，实践也不多，很难形成科学有效、易操作的教学方法。总的说来，由于教学方法单一、陈旧，很难激发学生的阅读兴趣，于是学生的阅读能力也很难得到提高。

3. 课程设置上的问题

虽然阅读是英语教学中的一部分，但教材和课程设置上都存在着问题。小学的教材偏重于词汇，高中的教材偏重于语法，大学的教材偏重于阅读技能的训练，这三个阶段各有侧重点，使得教材的连贯性没有做到位，缺乏必要的过渡。另外，阅读教学缺少明确的教学目标和教学计划，并且在课时、师资及教学组织上得不到必要的保证，从而影响了阅读教学的效果。

（四）影响学生英语阅读能力的因素

阅读是一个感知过程、解释过程和理性思考的过程，它起始于作者将信息编译成语言的表层体现，终止于读者建立起来的意义。同时阅读又是一个复杂的认知心理过程，它的复杂不仅在于对字母、词语的认知等，还在于它涉及语言因素以外的诸多其他因素。一般说来，有八个影响阅读的主要因素。

1. 背景知识

背景知识不仅指文化背景，还指人们掌握的各种知识，包括语言知识本身及人们已有的各种生活经验、经历。缺乏必要的背景知识是造成阅读困难的主要原因之一。丰富的英语社会文化知识，对提高英语阅读能力有很大的促进作用；反之，背景知识的缺乏会造成阅读理解的困难。在阅读过程中，学生应该学着运用上下文及背景知识来印证、理解相关的语言信息。例如，在理解“The eagle always flew on Friday.”这样一句话时，就必须利用相关的背景知识，如果单从字面意思理解，就是“老鹰通常周五都飞来”，但联系上下文，发现这样的翻译在文中没有任何意义。对这句话进行分析之后就会发现，“eagle”是美国的国家象征，因为美国钱币上大都印有“鹰”的图案，由此可推断“eagle”喻指美国钱币，进而得出该句是“Payments were always given on Friday.”，从而达到正确的理解。因此，教师要鼓励学生进行广泛的阅读，并提供多种适合学生阅读水平和兴趣的英语阅读材料，增加其阅读量，让学生多了解英语国家的背景知识。

2. 词汇掌握

一般来说，词汇量的大小预示着阅读能力的高低，词汇量的缺乏是构成阅读困难的首要原因。可以说，有阅读困难的学生大多源于词汇量的匮乏。可见，阅读能力的提高离不开词汇的扩充。

3. 语法知识

学生语法基础知识不扎实也是造成阅读困难的原因之一，特别是当遇到长难句或者是对句法结构陌生同样会影响阅读。例如，“Behaviorists suggest that the child who is raised in an environment where there are many stimuli which develop his or her capacity for appropriate responses will experience greater intellectual development.”这句话，学生通常会感到很棘手，不知该如何应对，可是如果对该句进行分析就会发现，虽然句子很长，但事实上整个句子是“Behaviorists suggest that”宾语从句的结构，而在这个宾语从句中又包含了三个定语从句。这样层层分析，结构就清晰可见。事实上，这些分析都是建立在有一定的语法基础上的，如果语法不过关，想提高阅读能力也会很难。

4. 阅读策略

阅读策略是有效阅读的保证，不能正确运用阅读策略就很难在规定的时间内完成阅读任务，从而影响阅读的质量和数量。

5. 学生兴趣

兴趣可以激发学生阅读的欲望，可以加深读者对材料的理解。因此，教师在阅读材料的选择、过程的监控及阅读的评估上都要考虑到学生的兴趣，保证阅读教学的有效开展。

6. 阅读习惯

学生不良的阅读习惯也会在一定程度上影响阅读教学。如有的学生喜欢用笔或手指着文字进行阅读，有的学生喜欢默读或者唇读，还有的学生喜欢不断回头重复阅读过的内容。这些不良的阅读习惯不仅费时、费力，影响阅读速度，而且还会直接影响连贯思维，进而影响学生的理解。教师要帮助学生克服各种不良阅读习惯，可以经常进行限时阅读训练，努力提高阅读速度。

7. 阅读心理

阅读心理障碍也是影响阅读教学的重要因素，由于学习的是第二语言，所以学生在阅读过程中往往注重的是词汇、语法等知识的学习，并且习惯于词语、句子有对应的翻译，否则就没有安全感。这就进入了一个误区，因为阅读教学的目标不是对词汇、语法的研究，而是获取信息。这种阅读心理阻碍了阅读能力的发展，这就不仅使得阅读速度慢，而且还难以把握文章的主题，易忽略整体的理解，缺乏宏观的阅读思维能力。教师在阅读过程中要注重培养学生树立整体篇章概念和速度效率概念，才能克服“教”与“学”过程中的不良习惯。

8．思维习惯

人们在学习第二语言时，总是习惯于母语的思维习惯，所以很多学生在英语阅读过程中或多或少地运用着母语的思维习惯。事实上，中英文在文化方面的巨大差异，也导致了两种语言在遣词造句上的不同。中文句式的表达特点是重要信息在后，次要的描述性信息在前；而英文句式的表达特点正好与之相反，是重要信息在前，次要的在后。学生如果能够掌握这种差别，就可以在阅读中适当地分配注意力，从而提高阅读效率。因此，教师的“教”不应仅仅局限于对语言知识的讲解，还应注重跨语言文化的思维训练。

（五）英语阅读教学新模式

阅读教学是为了实现从重视知识传授到重视技能培养的转移，而阅读教学的成功与否很大程度上取决于教学是否成功。下面主要从阅读前、阅读中及阅读后这三个过程，探讨具体的教学模式。

1．阅读前

阅读前的活动是为学生了解文章的大意做准备的，它包括引出主题、提出问题及交代任务，其目的是激发学生的阅读兴趣，使学生尽快地进入文章角色。一般说来，阅读前的教学任务有以下三种。

（1）扫除障碍

对于学生来说，影响阅读的最重要的因素莫过于词汇了。教师应在阅读前通过游戏、动画、图片、故事、对话等形式，设计语境、导入词汇，扫除词汇障碍，从而更好地帮助学生阅读。教师可以通过“学案导学，先学后教”的方式在课前指导学生预习，并布置难度适当的预习题，能使学生明确预习的目标，从而做到有的放矢；同时还有助于培养学生自主学习能力和自主学习习惯，为课堂教学的顺利进行做好心理和知识的准备。这种有针对性的预习使处理课文的节奏明显加快，为阅读课文后的巩固理解，即课文的“升华”处理赢得了时间，从而加大了课堂的容量。

（2）以旧引新

俗话说，字不离词，词不离句，句不离篇。一篇文章是由无数句子组成的，而句子又是由单词通过语法结构构成的。一般说来，一学期的英语课要教授的语法不是很多，并且语法的难度呈现的是递进的趋势。有的时候是几个单元共同呈现一个语法点，教师在教授的时候，就要经常重复这些语法点。当学习新的语法点时，教师通过重复旧的语法知识，引出新的语法点，通过对旧知识的复习，实现知识的再现和滚动，从而加深学生的印象。

（3）激活背景

语言是文化的载体，学好一门外语不只是多背单词，更要了解异域的文化。所以教师在进行阅读教学之前，有必要介绍一些与文章有关的社会文化背景知识，让学生对将要阅读的内容有一定的了解，从而激发学生进一步阅读课文的欲望。例如，教授与Easter（复活节）有关的课文，教师就有必要提前从网上下载一些文字资料进行展示，最好是在阅读前与学生谈论相关的节日信息，唤起学生已积累的知识与生活经验，同时放映一些万圣节的图片或影像资料，并提问："What do you know about Halloween?"，让学生交流观后感，从而得出一个大致的结论：It's an autumn festival，进而引出学习的目的，而后进入课文，一步步地解决问题，这样课文中的难点也就迎刃而解了。

2. 阅读中

传统的阅读课通常是通过判断正误、提问、解释句子及翻译等几种活动来进行。心理语言学家肯尼斯·斯·古德曼（Kenneth S. Goodman）认为阅读是一种心理语言学的游戏。学生在阅读中可以了解课文中的一些语言现象，进而获取较详细的篇章信息。阅读的过程实质上是认识层次的推测与验证相互交替的过程，所以这里所要谈论的阅读策略是强调阅读过程的分析，而不是针对传统的阅读结果。阅读中的教学主要有下面三种。

（1）略读

威廉·贝弗里奇（William Beveridge）曾经说过："正确地略读可使人用很少的时间接触大量的文献，并挑选出有特别意义的部分"。可见略读是一种选择性阅读，对于信息也是有选择地获取，因而并不要求学生逐词、逐句地阅读。略读的目的是尽快了解文章的大意或中心思想，所以学生可以有意识地略过一些词语、句子，甚至段落。这种策略注重的是文章的大意，而不是细节。

在略读中，我们首先要关注的是文章属于什么题材，涉及了什么内容，然后在阅读的过程中，要注重文章的第一段和最后一段，以及各段的第一句和最后一句。因为第一段是一篇文章的大概，有助于我们抓住主要情节和论点，而各段的首句和末句则给我们提供了文章的线索。具体说来，略读时应该注意使用以下技巧。

第一，注重文章的题目、小标题、黑体字、斜体字以及画线部分。文章的题目常常是文章内容的宗旨，利用题目我们可以对文章的内容做到心中有数。而小标题是各部分内容的概括和浓缩，至于黑体字、斜体字和画线部分通常是作者提醒学生需要加强注意的重要信息，也是考试的重点。

第二，着重阅读文章的第一段和最后一段，以及各段落中段首的主题句和段尾的结论句。文章是由段落组成的，段落是由句子构成的，然而并不是东拼西凑的，而是有一定的章法的。一般说来，文章的首段是对全篇的综述和概括，尾段往往是总结。在段落中也是一样，首句通常是主题句，而末句常常是结论句。掌握文章和段落的这种结构有助于有效地略读。

第三，注意关键词语和关联词语。关键词可以反映在特定的场景下谈论的是什么话题，大多与同文章的主题有关，所以利用关键词可以推测文章的主题。关联词包括很多种，有表原因、递进、顺序、转折的等。通过关联词，我们可以预测下一段与上一段的关系，由此判断作者的思路和观点。

（2）跳读

跳读的目的主要是根据问题去寻找答案，尤其是在时间来不及，不能进行通篇阅读，而对选择题的几个选项又无法判定时，宜采用这种策略。跳读是为了准确定位详细而又明确的信息，在采用该种阅读方法时，一般需要采取以下步骤：

第一，读懂问题，并大致了解四个选项，确定所要寻找的是哪类信息及这种信息以何种形式出现。例如，如果你想知道是谁做了某事，你就会特别关注人物；你想知道某事的发生时间，你就会寻找日期。

第二，根据问题提供的线索，快速回到原文中去，明确到哪里去寻找所需的相关信息。

第三，快速搜寻，找到你所需的信息后，认真阅读上下句，并对其进行加工和处理。对于阅读问题中要求选出的时间、地点、人物、做事的方式、事情的起因、结局之类的信息，可以边读边画下来。

第四，对于与本题无关的信息，可以略过。

第五，再返回到阅读问题中，比较问题的四个选项，然后确定哪一个和文章中的信息是一致的。

在平时的训练中，教师应该注重对学生这方面能力的培养。无论是在日常的运用中还是考试中，如果对每个词、每个句子都细细咀嚼是不现实的，尤其是对一些通知、广告之类的应用文，略读可以快速地进行信息的比较、筛选，提高解决问题和信息处理的能力，从而达到高效、准确的实用效果。

运用这种阅读策略需要注意的是，对于一些关键词和关联词，在平时的训练中要及时总结，这样在考试中可以提高解题的速度。如表示空间顺序的短语有 on the top of，in the middle of，at the bottom of 等；表示文体顺序的单词及词组有 firstly，then，after that，for example，in addition，finally，in short，in a word，generally speaking，shortly speaking，therefore，in conclusion，for this reason 等。掌握了这类关键词，可以提高学生对关键词的敏感度，从而节省时间。

(3) 寻找主题句

确定主题思想是正确理解文章的关键，而要想确定主题思想，就必须找准主题句。主题句一般概括了文章的大意，结构简单，一般不采用长难句的形式。并且段落中的其他句子必定是用来解释、支持或发展主题句的。主题句的位置通常出现在开头和结尾，但也不排除在中间的位置，还可能无主题句。在这里我们主要介绍以下三种情况。

第一，主题句在段落开头。主题句位于段首的可能性最大，作者通常先引出一个新话题，然后围绕这话题详细地展开叙述。把主题句放在段首，开门见山，主旨明确，阅读时读者很容易把握。参见下面例文：

In a number of ways, community college is making it easier for older students to attend college. For example, the college now offers courses on Saturdays. Classes on those days appeal to those students who, because of work or family responsibilities, cannot enroll in courses during the week. In addition, many departments in the college have begun to offer credits for life experience, so students with the work needing to travel outside their cities or their countries can complete their degrees more quickly. Finally, the president of this college has announced that the students would attend classes if they had a pleasant and safe place to leave their children.

这一段即为“总起一分述”类型，开篇第一句很明显是主题句，分述部分用信号词for example引出，叙述时又用in addition，finally等序列信号词逐层展开，条理十分清楚。

第二，主题句在段落结尾。如果主题句位于段尾，那么作者通常采用归纳法进行撰写，也就是采用“分述一总结”的模式。主题句往往是对上文的归纳和总结，或者是对以上的描述提出的建议。主题句在段尾通常是和一些词相关联的，如in short，in a word，it is clear that，generally speaking，thus，shortly speaking，therefore，in conclusion，for this reason等。当然，并不是所有出现在段末的主题句都有信号词作为标记。但从语义上看，先分述后总结的结构模式还是很容易分辨的。

第三，主题句暗含在段落之间。不是所有的段落都有主题句，尤其是在多段文章中。当阅读这样的文章时，我们就要抓住文章的细节，包括对事实、观点、事件的分析，在大脑中形成初步印象，然后发挥自己的逻辑概括能力，将其综合归纳成一般概念，或是根据作者提供的事实、观点和事件对各段落中心思想进行概括来体会整个文章的主题思想。

第四，信息转换。为了把文章中的信息保留在记忆中，可以对信息进行转化，从而加深印象。在阅读教学中常使用的转换方式有图画、标题、图表格、地图、循环图、流程图、树形图、条形统计图等。以上列举的转化方式使课文中的信息变成了可见信息，这样有利于第二语言学习者在阅读中理解内容意义。

第五，提问。提问是阅读教学中最常用的方法之一，然而提问也是有层次的，教师在提问时应着重把握提问的频率和难度。根据学生需要掌握的信息来划分，提问包括以下五种类型。

一是表层理解，即在课文中可找到问题的答案。

二是深层理解，要求学生根据文章提供的信息以另一种形式组织或解释。

三是推理性理解，要求学生对文章字里行间的意思加以认真阅读和思考，作出准确的推理。

四是评价性理解，要求学生根据材料所提供的信息作出正确的判断。

五是个人理解，这源于学生对课文内容的理解和反应。

与阅读前活动一样，在教学中应该对不同的文章给予学生目的性的指导，不可能同时使用以上的所有活动。

3. 阅读后

阅读后阶段是巩固和运用所学知识的重要环节，旨在练习、巩固和拓展学生在阅读过程中所学的语言知识，并培养其说和写的能力。这一阶段的教学，教师应该充分发挥学生的创造力和想象力。并应根据学生水平，设计一些与课文内容有关的活动，为学生提供机会，让他们流畅地表达阅读后的感受。具体的方式有以下四种。

（1）复述

复述是一种比较有挑战性的口语练习。在学生了解阅读材料的内容并掌握了生词的情况下，教师可以让学生根据关键词和图片，复述阅读材料的主要内容。

（2）转述

对于对话性质的语篇，可以让学生用第三人称转述所学的内容，引导学生将对话转述为描述性的语篇。

（3）填空

教师可以写出课文概要，留出一些空白让学生填写，并鼓励学生尽量使用不同的单词和短语。

（4）写作

这里的写作是指对阅读材料的仿写和续写。教师可以安排学生根据所读材料写课文摘要，或者写一个广告，对产品进行具体的描述。当语篇是一篇叙事性文章时，教师可以让学生展开想象，续写故事，锻炼学生的发散思维。

总之，培养学生的阅读能力，是一个渐进的复杂过程，切忌操之过急。养成良好的阅读习惯是前提，兴趣是动力，必要的阅读技巧指导是关键。

第二节　英语语法与听说教学模式改革创新

一、英语语法教学模式改革创新

（一）英语语法教学现状

1. 国外英语语法教学研究

纵观英语教学史，英语教学一直是在赞成语法教学与反对语法教学两种截然不同的观点下进行的。在某一个时期，居于支配地位的就是赞同语法教学的观点；而在另外一个时期，反对语法教学的观点又被人们所推崇。语法怎样教授的争论，同语法教学地位的转变一样，也经历着类似的过程。作为形成时间最长的一种教授英语的方法，语法翻译在英语教学中长期占主导地位，它是在教授拉丁文和希腊文的基础上发展起来的。以句子为单位的显性语法教学语法翻译，更加注重语言的形式。20 世纪中期，语法翻译法让位给以句型操练为中心的听说法。此后，直接法主张英语学习不妨借鉴、参考第一语言教学模式，让学生在相对自然的环境中学习英语；该法还主张语法规则应在实践过程中被提炼出来，词汇学习为实物、手势等所取代，后称为“暗示性语法教学”。明示性语法教学需要教师将语言规则进行演绎式的解释，再指导学生进行与此有关的实践。

于是，从直接法开始，英语教学界就围绕着语法教学是采用明示还是暗示的方法而展开激烈的争论。明示法就是以形式为中心进行教学，这是一种旨在通过多种途径让学生把注意力转向语言形式的教学尝试，它强调有目的地研究语法规则，使语言成分能够得到有效而精确的运用；暗示法教学重视自然环境的影响。学界有不少人强烈反对把语法作为明示教学来使用，认为语法不能进课堂活动是因为语法所起的作用仅具有边缘性，研究语法形式对于习得而言并不靠谱。明示性语法教学重视语言形式，似乎具有语言意义及其运用趋向；暗示性语法教学突出了语言的含义和它所运用的情境，而忽略了语言运用的准确性。两者各有长处和短处，其最佳途径就是将两者有机结合起来。

纵览各种不同的语法教学观，国外有的学者将对语法教学持不同观点的学者归纳为三类：反对派、中间派、赞成派。反对派认为分析语法特征对于提高英语学习者的最终语言应用能力毫无意义，因此，明确表示反对任何形式的语法教学；中间派既不否认语法教学的积极意义，也不赞成过于强调语法教学；赞成派则认为，语法教学是语言教学的关键。[①]

国外的教学法注重实用，语法教材都能体现这一特征。教学内容贴近学生生活，在简单的规则说明之后还有大量与生活密切相关的生活实例作为巩固，多数学习者可能会产生类似的体验，因此易于理解。再次做相似的练习时，学习者不仅能熟记语法规则，而且还能学到对应的表述。除使用平易的课本讲授规则外，采用不同游戏加以深化也是多数国家教学的选择，即学生通过活动体验语法规律来推动其学习动机，以提高语法教学效果。

尽管国外语法理论相当成熟，以语言为母语时，学习者可以很容易地在语言环境中获得或学会某些语言规律，但是在中国，英语这门外语也需要进一步摸索出合适的语法教学模式与方法。

2. 国内英语语法教学研究

中国英语教学方法研究开始于19世纪，兴起于20世纪70年代后期并在当代兴盛。国内以混合型学习群为对象的语法教学研究源于赵璞对中国学生英语学习困难之处——虚拟语气及教法的阐述，后续研究则是从宏观及微观两方面展开，如黄和斌从宏观角度出发，对16世纪至20世纪的英语传统语法教学概况进行阐述，着重探讨19世纪英语传统语法教学内容及方法的优缺点对中国英语教学的影响。在我国对学生语法教学的研究中，马富康是唯一结合实例来说明如何用情境来引出语法点的学者，并提出通过师生互动交流、归纳总结、巩固操练和步骤教学法的综合应用等，教授英语语法。

我国传统英语语法教学主要采用研究法，归纳法和演绎法是其代表。教师要求学生熟读语法规则，并不断分析句中词汇形式和已学过的语法规则是否一致，结合某些不贴近生活的实例，然后对分散的语句进行机械的训练，力求使学生理解语法规则。但是，学生无法真正掌握语法知识，更谈不上语言的运用。

如今，多数专家和学者已经意识到语法的重要作用，英语教学大纲中也有关于语法教学的明确要求，新课标中还对每个年级的英语教学提出了目标和要求，所列非常详细的语法项目表充分体现中华人民共和国教育部对于英语语法教学工

① 王磊．高校英语教学转型发展研究[M]．长春：吉林人民出版社，2019：50．

作的高度重视。在教学改革不断深化的背景下，教师由“重语法、轻语法”再到正视语法，国内语法教学发生多次变化。英语语法教学法由原来的翻译法、归纳法、演绎法发展成为今天的听说法、视听法、沉默法、交际法等各种教学法。

我国英语课堂中语法教学地位与作用，伴随着语法理论的不断发展与改革而发生一定的改变。现如今语法教学形式更加多样化，辅助手段更加丰富，在语法教学中发挥着更好的教学效果。教师也清晰地认识到，在新课程改革的背景下，语法教学不仅要强调语言的交际作用，还要将语法知识内化为正确运用语言的技能。

总之，虽然新课改之前国内外对语法教学法进行了多方面、多层次的研究，但是却很少对我国高中英语语法最终应用的重要方面——高考进行研究。尽管各种语法教学方法均有自己特有的优越之处，但毋庸讳言，英语语法教学实践也存在一定的问题，如传统外语教学认为，经过大量语法翻译练习便可掌握语法，而掌握语法就等于掌握语言。该教学法有较大的缺点，即忽略口语和听力训练，使学生没有受到听说训练，导致口头交际能力差；过分追求语法的精确性、忽略学生语言创造能力、没有充分发挥语言学习者的主观能动性等。听说法，让学生有充分的语言环境进行沟通，却无法准确地学习语法知识，易让学生在作文考试中出错，语法规则也无法被正确地内化。所以，新课程改革中，广大教师与专家都在讨论具有针对性的语法教学模式问题，这对学生语法基础知识的掌握、语言的使用，都起着行之有效的促进作用。

（二）英语语法教学理论依据

1. 教学中的情感教育

《心理学大词典》指出：“情感是人对客观事物是否满足自己的需要而产生的态度体验。”①

在普通心理学的课程中，情绪和情感被定义为人类对客观事物所持有的态度和体验。其中，知识情绪更倾向于个体基本需求和欲望上的态度和体验，而情感则更倾向于社会需求和网络态度体验。

情感是人类内心深处的一种情感体验，它属于非智力因素中的一种，包括但

① 陈正俊. 艺术心理学[M]. 上海：上海交通大学出版社，2013：51.

不限于仇恨、厌恶、幸福和美感等，这些都是情感的具体体现，对人类的认知和事件、活动都产生着深远的影响。

情感教育在塑造学生健全人格、塑造和发展学生良好品德、促进学生社会化及建立良好人际关系等方面发挥着至关重要的作用。

在新课程改革的大背景下，中华人民共和国教育部明确提出，英语课程应当注重培养学生的情感素养，使其在学习过程中具备独立思考和判断的能力，发展与他人沟通和合作的技能，提升跨文化理解和交际的能力，树立正确的人生观、世界观和价值观，增强社会责任感，全面提升人文素养水平。英语教学已经深刻融入了情感教育理念，这一教育理念也引起教育部门的高度重视。因此，英语教师需要在英语课堂中全面贯彻情感教育。在英语语法教学中，恰当的情感教育不仅有助于青春期学生的成长，同时也能够改善教学效果，教师可以尝试从学生的视角出发，探索英语语法教学策略和方法。

2. 交际教学法

在英语语言教学的过程中，语法教学不仅是英语学者所关注的核心话题，同时也是一个引发激烈争议的话题。

在20世纪70年代初，出现了一种以语言功能为核心的交际教学法，其重点在于培养学生的语言交际能力，强调对语言意义的表达和实际应用。在我国，交际法被视为一种重要的教学方法。自20世纪80年代起，李筱菊等人在中国英语教学中引入交际法，使得交际教学法备受推崇，成为英语教学的主流方法。在英语课堂中，出现了一种趋势，即淡化了对语法教学的重视，而将教学过程交际化，这种趋势对语法教学的地位和作用带来了较大的冲击。

实际上，交际教学法并未对语法教学产生任何排斥作用。交际法主张将语言学知识应用于英语教学过程之中。首先，交际法强调将语言置于真实的语境中，以确保其在不同的语境中得到恰当的运用和表达。因此，它能帮助学生更有效地理解话语含义，并使其成为一种有意义的交流形式。其次，交际法强调以信息为中心，认为语言的主要功能在于社交交际，而说话人的语言输出与听话人的语言反馈之间的契合度则是成功交际的重要标志。再次，交际法重视语用因素的影响，强调语言运用要符合交际规则，注意话语意义与语用含义之间的关系，注重语言表达效果和情感体验。所以说，交际法是一种行之有效的教学方法。语言的交际能力是一项高度复杂的能力，需要在语法的精确性，表达的可理解性、可接受性、语境的适宜性及表达的流畅性等多个方面达到较高的标准。

二语习得研究表明，通过有效的交际方式，学习者的交际策略和口语流畅度得到显著提升，但语言能力的提升却微不足道。语法教学一直以来都是英语教学中比较薄弱的环节，在英语教学实践中存在着诸多问题。通过语法教学，可以促进学生对语言形式的深入理解，推动其内在语言能力的全面提升，从而提高其语言交际能力。在英语教学中，教师应当注重培养学生运用英语进行交流的能力，使他们能够有效地利用有限的时间获取更多信息并加以加工和处理。在英语语法教学中，交际策略是一项不可或缺的策略，因为它与语法教学相辅相成、相互促进。

（三）英语语法教学新模式

1. 新课改背景下英语语法教学应遵循原则

在新课改背景下，为了更好地适应英语考试中单选题的变化，我们可以遵循以下准则，以优化语法教学的效果。

（1）时效性

尽管英语语法的内容没有多大变化，但随着新课程改革的推进和考试要求的改变，英语语法教学内容必须与时俱进。在英语语法的授课过程中，英语教师应当增加一些具有时代感、贴近学生日常生活、能够激发学生兴趣的实例，以帮助学生在已掌握时事知识的基础上更好地学习语法。

（2）实践性

学生所追求的语法学习目标在于参与语言实践活动。语法教学重点在于通过大量的语言实践活动让学生深入探索和发现语法规则，从而实现讲解与实践的有机结合。

（3）渐进性

在教学过程中，应该采用由浅入深的方式，全面掌握语法知识的广度和深度，逐步分散难点，特别是那些语法结构较为复杂或数量众多的语法知识和试题。

2. 新课改背景下英语语法教学策略

为了适应新课改的具体要求，为了更好地贯彻新课标，我们需要在语法教学中延续传统教学中合理、有效的部分，还需要进行改革和创新，以达到更好的教学效果。

（1）交际策略在语境中的应用

在进行语法教学时，不应将某一语法单独呈现，而应先引导学生进入包含某一种语法的语言交际中，使语法与语境相互融合，从而达到更好的交际效果。因此，语法教学不能只停留于对句子结构的分析上，还需要培养学生使用语法结构进行交流、沟通的能力。学生是语法教学的核心，因此在教学过程中，教师应该引导学生积极参与，通过各种活动让学生在语言环境中感受语法，在语境中运用语法并进行归纳和总结，从而激发学生的学习热情，提高他们的学习兴趣。

（2）采用自主学习的认知策略

在新课程改革的背景下，为了确保学生能够自主学习，教师的语法教学需要根据学生的实际情况重新构建认知策略，并对教学内容进行重构。在学生自主学习的过程中，教师应当担任引导者的角色，协助学生对所掌握的语法知识进行系统的归纳和梳理，从而使学生能够全面地掌握语法知识。在授课过程中，教师可以采用“观察—发现—讨论—归纳巩固—运用”的教学模式，而在冲刺复习阶段，则可运用“集中呈现—对比分析—专项梳理—巩固运用”的复习模式。同时，让学生在探索的过程中，通过完成学习任务，逐渐掌握语言形式和规则，从而达到更高层次的学习效果。

学生的自主学习过程也就是启发学生思维的过程，可以使学生对所学知识点进行整合，增强他们的语言综合运用能力。

（3）积极乐观的情感策略

教师在进行语言教学时，既要正视语言、语言学习者认知与情感的特点，又要处理语言学习过程中的人际关系。因此，教师在进行语法教学时，要营造一种民主、和谐、轻松的环境氛围，建立良好的师生关系，降低学生学习英语语法的恐惧感和焦虑感，使他们对英语语法感兴趣，从而产生学习英语的动机。

（4）语篇与融入语境策略

新课改背景下考试题目的重点是考查学生的语篇能力与应用能力，语法难度要求大幅度降低，但学生语法掌握与运用的能力要求提高。因此，教师在进行教学时，除做好基础语法知识复习工作，还要进行具有针对性、层次性及选择性的教学设计，紧扣考查范围，注重语篇与语境相结合，在练习中不断总结经验教训，正确指导学生的学法和考法，培养学生语言综合运用能力，激发学生的学习兴趣，彰显新课标的教学目标。

3. 新课改背景下英语语法教学方式

改变英语考试单选题就是改变英语教学结构，同时又符合新课标提倡发展学生情感态度、学习策略及文化意识的要求。教师要根据教学对象及教学内容，将语法教学同学生情感态度及学习策略的培养相结合，并将其灵活融入各项交际活动及课堂任务中，充分体现语法教学过程中“应用为前提、应用为目的、应用为中心”的教学理念。

（1）从学生对语法学习的态度入手

学习态度决定了学习成绩的好坏。尽管学生思维方式是在不断的发展过程中走向完善的，但是较为单一，容易受到他人的冲击。教师要帮助学生清楚地认识到英语语法在英语学习过程中所处的位置及作用，摆正学生的英语学习态度，使学生树立积极、乐观、向上的学习态度和考试心态，并为他们树立一个好榜样，构建一种亲切的师生关系，打消他们对英语的抵触心理。这将有助于学生步入学习的状态，便于学生运用内部因素来认识自身具备学好英语语法的条件。

（2）以培养学生独立学习语法为切入点

语言这门学科具有很强的实践性，学生若能亲自去观察、去发现、去归纳，效果要比教师讲解好得多。

英语语法教学倡导教师要从学生情感特点入手，培养学生的自主学习素养。教师在教学中既要钻研教材，以激发学生学习兴趣，捕捉学生学习注意力，又要为学生营造一个轻松、愉悦的课堂环境，让他们处于最佳的学习状态。

在教学中更加重视对学生情感态度的培养，是英语新课标目标之一。现今使用的英语教材在介绍英语语法知识时主要采用话题教学，内容题材广泛，而且大多涉及人文科学与自然科学，与生活联系紧密，体现了较强的实用性特征。将情感元素融入教学过程中，同样能够体现教育意义。语法教学更多的是人文化、情境化的教学，使学生通过体验与参与获得知识，愉快地学习并产生成就感与自我满足感。

（3）以学生学习需求为出发点

语法教学应以学生为主，使他们在情景中领会、理解和应用语法规则。因此，教师教学不能脱离实践，应该在语境下开展语法教学，使其更加情境化、生活化，更应该在创设情境下开展语法教学，使其更加直观化。语法、句型练习的语句要贴近生活，最大限度地减少枯燥乏味的机械训练。要想优化语法教学内容，使学生能在真实情境下感悟语法，就必须了解学生的学习特点、学习风格、学习需求，解决学生遇到的现实问题。

(4) 基于学生认知特点

学生在学习上具有较强的接受新事物的能力和记忆力，但是又表现出重复学习又重复遗忘的特点，因此，教师在讲解语法概念时要力求浅显，同时要更加重视举例，练习与实用相结合，使学生在反复接触与使用语言的过程中，体验与感悟语言规律并归纳出语法规则，从而增强学生的语言思维能力和探究创造能力。教师在课堂上营造一个好的学习氛围，通过平等、耐心的沟通来激发学生的学习热情，使他们在轻松、愉悦的氛围中学到知识、提升能力，这需要教师有效学习，突出教学设计的重点。

(5) 以学生的学习目标为出发点

英语课程以发展学生英语综合运用能力为总体目标，教师要利用各种活动形式使学生广泛地参与其中。因此，教师在语法教学中可将教学内容设计为音乐、体育活动等与学生生活密切相关的活动，而非简单的讲解与实践。设计活动应兼顾学生水平，活动形式应由浅入深、层层递进，时间应合理安排，使学生通过语言实践活动，对语法进行探究、学习和归纳。

二、英语听力教学模式改革创新

(一) 英语听力教学的实质、原因与意义

1. 英语听力理解过程的实质

听，作为一种语言交际方式，在语言实用能力中占有重要地位，它既有利于促进说、读、写等技能的提升与巩固，又是语言交际能力培养的首要层面。英语听力，即以英语语言作为中介的口头交际理解能力。在语言理解的过程中，把握语义内容可从词汇辨识、由音及义到语音形式的辅助等方面进行。它在心理学上是指经过耳朵的倾听过程，由大脑将听到的信息进行加工处理，最终精确地产出

英语中词汇和语法关系含义的一种能力。那么，听力理解的过程到底是怎样的过程呢？

目前学界最为认可的便是安得沃（Underwood）对听力理解过程的解释，在他看来听力的过程分为三个阶段。

第一阶段，语音信号被输入记忆库中，听者将这些语音按照他们已获得的知识转换为含义丰富的单词或者词组。

第二阶段，大脑将这些信息加工、整理后和长期记忆中储存的信息相对照，同时获得这些单词或者词组的含义。

第三阶段，听者一旦明白语言信息的含义，便将这些语言信息传递至长期记忆中存储起来，以便日后利用。

2.英语听力问题产生的原因

听力理解是个复杂的心理语言过程和创造性思维过程，它涉及记忆思维、分析判断、综合归纳等多种因素。听力理解过程包括以下步骤，即听音会意，捕捉信息，梳理信息，识记信息，辨析比较，加工信息，组织筛选，存储信息，推断理解，再现信息。

在听力学习中，学生面临的最大的问题是无法将听到的信息通过听觉神经系统直接传输至大脑，学生在听英语的时候习惯看课文和听录音，总要把听到的信息翻译为汉语，借助母语来理解听到的信息，而非直接把语音变为某种情境，这必然会使反应时间加长，跟不上讲话人的速度。同时，多数学生没有系统地掌握英、美等国家的历史文化知识，对英、美等国家的一些生活习惯、风土人情及生活方式等不够了解和熟悉，于是就会在听力理解方面出现一些问题。

教师在执教生涯中常会发现有的学生求胜心切，渴望做听力题，可一旦碰到不懂的词或句便开始心烦，其结果是越着急越听不明白；此外，还有部分学生在听力课上心理准备不足，教师一放录音便手足无措，有时仅能听到零零碎碎的单词、短语，此时他们内心会出现恐惧、焦虑，甚至会怀疑自己的听觉能力，这无形中会为学生在信息输入方面构筑障碍，进而影响听力结果。具体表现为以下四个方面。

（1）语音难度

语音是语言中最基本的元素，提高听力必须先过语音关。发音不准确则无法正确理解所听的内容。部分学生平时对英语单词不够重视，更不用说读音是否正确，就算词汇量再大也会影响其对听写材料内容的正确理解；还有部分学生虽然能读对单个词汇，但是却听不懂连读、弱读，失去爆破、重音移动等会引起某些读音在语流上的发音变化，导致学生不能正确地识别和领会听到的材料含义。

（2）语法难度

有相当一部分学生语法知识较弱，即便能够听清楚听力语音材料，却不能正确地理解所听的语音含义。例如，"You should have told him the news."，假如听者对虚拟语气在句子中所起的作用很熟悉的话，他们就会理解这句话的意思是"应该将这一信息告诉他，但是实际上他们并未告诉他"。

（3）词汇难度

听力理解的质量受到词汇量大小的直接影响，因此，词汇量的充足与否在英语听力中具有至关重要的作用。阅读时，若遇到生词，我们可以通过上下文推断其词义，但听力与阅读存在差异。此外，由于听力有时间限制，短暂的一两次播放很快便会结束，无法再次听。在有限的时间内，听者不仅需要聆听语音，而且还需要进行意义辨析。如果在连贯的语流中出现生词，那么将会增加整个句子乃至整个语篇的理解难度。因此，听力的要求在于听者必须具备一定的词汇储备，以应对复杂的语言环境。当然，词汇的扩充不仅仅是数量的增加，更是对现实生活文化紧密相连的有意义的词汇的积淀。即便是已经掌握的词汇，在不同的语境中也会呈现各自独特的词义。如果学习者不能正确地理解词义，那么就很难准确地掌握语言知识和技能。为了确保学生能够准确理解其不同的内涵，教师需要培养学生正确、深刻地理解词汇意义的能力。

（4）传统教学训练模式难度

传统的听录音、对答案的训练模式未能与新课标相适应，导致基础较好的学生只能学到零散的单词或短语，而基础较差的学生则常常一无所获。因此，许多教师把大量时间花在讲解语法知识、词汇及句型操练上，却很少注意培养学生的自主学习能力。长期以来，这种教学模式不仅会引起学生对英语学习的恐惧和焦虑，而且还会削弱他们对英语学习的热情。

3. 解决听力问题的意义

对于听力教学而言，深入分析学生在听力过程中所遇到的问题，并采取相应